OFCE

L'économie française 2021

La Découverte

Observatoire français des conjonctures économiques (OFCE)

L'**OFCE**, **O**bservatoire **f**rançais des **c**onjonctures **é**conomiques, a été créé en janvier 1981 au sein de la Fondation nationale des sciences politiques, par une convention passée entre le Premier ministre et le président de la Fondation. Il a pour mission d'étudier les économies française et étrangères, leurs conjonctures et leurs structures, et d'animer le débat public en économie.

Jean-Marcel Jeanneney fut le fondateur et premier président de l'OFCE (1981-1989). Jean-Paul Fitoussi (1990-2010) et Philippe Weil (2011-2013) ont présidé l'OFCE. Xavier Ragot préside l'OFCE depuis juin 2014.

L'OFCE publie : la *Revue de l'OFCE, Les Notes de l'OFCE,* et également des livres.

Pour tout renseignement sur les publications de l'OFCE :
OFCE : 10, place de Catalogne 75014 Paris
Tél. : 01 44 18 54 87 ; E-mail : revue@ofce.sciences-po.fr
Site Internet : **www.ofce.sciences-po.fr**

L'École normale supérieure de Lyon met en ligne, sur son portail des sciences économiques et sociales, le site compagnon de *L'Économie française,* disponible sur **http://ses.ens-lyon.fr/ressources/grands-dossiers/leconomie-francaise**. Le lecteur peut y consulter des textes complémentaires à l'ouvrage, des tableaux de données et annexes statistiques, et les dossiers thématiques des éditions antérieures.

ISBN : 978-2-348-06414-2

Introduction

Alors que, en début d'année 2020, l'épidémie de Covid-19 était essentiellement circonscrite à la Chine, celle-ci s'est ensuite très rapidement diffusée dans le reste du monde. Pour enrayer cette crise sanitaire, la plupart des pays ont mis en place des mesures de confinement incitant les populations à limiter les interactions physiques. Ces mesures de distanciation physique (interdiction d'événements publics, fermetures d'écoles, de commerces jugés non essentiels et des frontières) ont contraint les dépenses des agents et les échanges entre pays, provoquant un choc de demande qui s'est diffusé à l'ensemble du tissu productif mondial, entraînant une crise économique sans précédent en temps de paix.

Cette crise intervient au moment où la croissance française, dans le sillage de celle observée ailleurs en zone euro, reprenait des couleurs après être restée bloquée à un niveau médiocre depuis le début de cette dernière décennie, quelques années après l'éclatement de la bulle des *subprimes* qui a vu l'économie mondiale plonger dans la plus grande crise que le capitalisme ait connue depuis la Grande Dépression. En France, l'économie a plutôt bien résisté. En tout cas, la récession y a été moins forte que dans nombre de pays développés, à commencer par ses voisins européens. Au début de l'année 2011, la France avait, comme l'Allemagne et les États-Unis, retrouvé son niveau d'activité d'avant la crise de 2008, alors que le Royaume-Uni, l'Espagne ou l'Italie enregistraient un retard de production de 3 à 5 points de PIB par rapport à leur niveau de 2008.

Malheureusement, le premier semestre 2011 a vu s'interrompre le processus de reprise engagé deux ans auparavant : sous l'effet du basculement des politiques budgétaires européennes vers l'austérité, l'économie française entrait dans une phase de stagnation dont elle peinait encore à sortir fin 2019.

Y aurait-il une fatalité européenne rendant les phases de croissance toujours plus brèves et moins intenses en France et en Europe qu'aux États-Unis ? Ou alors le chômage et la faible croissance ne sont-ils que les résultats de choix peu judicieux ?

L'examen de notre histoire macroéconomique récente fournit assurément quelques éléments de réponse aux questions sur la dynamique en cours. Cet ouvrage, dans une première partie, analyse l'économie française dans toutes ses composantes, en situant les années 2020 et 2021 dans les évolutions de longue période. La seconde partie propose des analyses plus approfondies de la situation économique de la France en temps de Covid-19. Cette partie est décomposée par thèmes qui constituent des aspects majeurs des débats actuels. Quelles conséquences la crise sanitaire aura-t-elle sur l'activité française ? Quels secteurs seront durablement impactés par cette crise ? Comment le marché du travail se transformera-t-il ? Doit-on s'attendre à une hausse des défaillances d'entreprises ? Quelles incidences ces défaillances d'entreprises auront-elles sur l'emploi salarié ? Quel impact doit-on attendre du contre-choc pétrolier sur le pouvoir d'achat des ménages et sur les marges des entreprises ?

*Éric Heyer**

* Éric Heyer a assuré la conception et la coordination de l'ouvrage. Claudine Houdin en a assuré la réalisation.

PREMIÈRE PARTIE

L'état de l'économie française

1. L'économie française depuis un demi-siècle

Éric Heyer et Xavier Timbeau

« En matière de lutte contre le chômage, tout a été essayé et tout a échoué », affirmait François Mitterrand pour décrire l'impuissance des politiques économiques et la fatalité du chômage en France : celui-ci augmentait fortement dans les périodes de récession et diminuait très légèrement lorsque l'économie repartait. En fin de cycle, il s'établissait à un niveau systématiquement supérieur à celui enregistré à l'issue du cycle précédent. Dix ans plus tard, au début des années 2000 et après quatre années de baisse consécutive du chômage, l'espoir renaissait : le plein-emploi était envisagé par un grand nombre d'économistes comme possible à l'horizon 2010. Cette « société du plein-emploi » serait atteinte grâce aux évolutions démographiques « favorables » mais surtout subordonnée à la mise en œuvre de conditions de croissance durable et soutenue de l'économie, croissance qui serait de nouveau créatrice d'emplois. Début 2008, le taux de chômage a même connu un « plus-bas » historique sur les trente dernières années, en atteignant 7,2 % de la population active. Ce taux de chômage était inférieur à celui observé en moyenne chez nos partenaires européens, Allemagne comprise. Mais la croissance s'est interrompue en 2008, et le chômage est reparti à la hausse, reportant à d'autres jours la perspective du plein-emploi. Depuis plus de trente ans, la France et l'Europe sont victimes d'un mal bien particulier. Les aléas de la conjoncture frappent la France comme ils touchent les États-Unis, mais les phases de baisse du chômage sont toujours plus brèves et moins intenses que celles où il augmente. La croissance est à l'avenant, toujours plus décevante en France et en Europe qu'aux États-

Unis. Y a-t-il là une fatalité européenne ? La protection des salariés est-elle devenue si excessive qu'elle compromet le fonctionnement efficace de l'économie de marché ? Le modèle social européen est-il incompatible avec la mondialisation ? Ou le chômage et la faible croissance ne sont-ils que les résultats de choix peu judicieux de politiques économiques ? L'examen de notre histoire macroéconomique récente fournit assurément quelques clefs.

1945-1973 : des Trente Glorieuses à la montée du chômage

Après la Seconde Guerre mondiale, le monde occidental connaît une phase de croissance forte et prolongée (tableau 1). Le modèle de production fordiste se généralise à l'ensemble de l'industrie. La production de masse, les innovations technologiques impulsent la productivité du travail.

L'Europe et la France profitent de cette vague d'innovations à laquelle s'ajoutent deux phénomènes spécifiques : la reconstruction, à la suite des dommages de la guerre sur les biens productifs ou résidentiels, et le rattrapage technologique sur les États-Unis. Ce double effort d'investissement en capital et en technologie engendre une croissance de la productivité du travail de l'ordre de 5 % par an. À ce rythme, la production par individu double tous les quatorze ans.

Tableau 1. **Croissance du PIB et de la productivité du travail**

En % par an

	1950-1973	1973-1979	1979-1990	1990-1997	1997-2000	2000-2007	2007-2019
PIB							
France	5,0	3,1	2,4	1,4	3,7	1,9	0,9
Zone euro (17 pays)	4,8	2,8	2,4	1,6	3,2	2,0	0,8
États-Unis	3,6	3,0	3,0	3,0	4,5	2,5	1,7
Productivité par tête							
France	5,0	2,7	2,0	1,2	1,4	1,1	0,6
Zone euro (17 pays)	4,5	2,7	1,8	0,8	1,1	1,1	0,5
États-Unis	2,5	0,4	1,2	1,5	2,4	1,9	0,9

Sources : OCDE, Maddison [1994]

Les chocs pétroliers, le ralentissement de la productivité

La fin du système monétaire de Bretton Woods (1971) et le premier choc pétrolier à la suite du conflit israélo-arabe (1973) marquent la fin de cette expansion. Les tensions apparues à la fin des années 1960 ont nourri l'inflation (autour de 6 % en France et en Europe en 1968, 4 % aux États-Unis) et ont rendu nécessaire l'abandon de la convertibilité du dollar. La fin du système monétaire de Bretton Woods a été provoquée par une situation économique devenue ingérable.

L'année 1975 est marquée par une récession mondiale. En moyenne de 1973 à 1979, la croissance retombe à un rythme nettement inférieur à 3 % l'an. L'inflation atteint des rythmes à deux chiffres. Face à la coexistence d'une forte inflation et d'une croissance faible, les politiques économiques peinent à trouver une voie et paraissent impuissantes. L'Europe connaît de grands désordres monétaires et le taux de chômage augmente de pratiquement 5 points en l'espace d'une décennie. Dans les années 1960, il fluctuait autour de 3 % ; il atteint plus de 8 % en 1983.

La fin des Trente Glorieuses se traduit aussi par un très net ralentissement de la croissance de la productivité. En France, la croissance de la productivité du travail est divisée par deux au cours des années 1970 et passe d'un rythme de 5 % l'an à un rythme de 2,6 %. La crise que traversent les économies développées est profonde et le modèle de développement touché dans son cœur.

La trajectoire française est liée à celle de l'Europe que ce soit en termes de croissance du PIB, d'inflation ou de chômage. L'ébauche de l'union monétaire, avec le « serpent monétaire » créé en 1972, puis le « système monétaire européen » entérinent et renforcent la liaison des conjonctures européennes.

À plusieurs reprises, des écarts apparaissent entre le chômage français et le chômage européen. Ainsi, de 1977 à 1981, la stratégie de politique économique de la France abandonne explicitement l'objectif de plein-emploi. Le gouvernement Barre (1976) lutte activement contre l'inflation. Le résultat en est une augmentation plus forte du chômage que la moyenne des pays européens, avec une performance relative en matière d'inflation médiocre, mais un meilleur contrôle des déficits publics. En 1979, le deuxième choc pétrolier frappe à nouveau l'économie mondiale et relance l'inflation.

Graphique 1. **Chômage en France, aux États-Unis et dans la zone euro**

En %

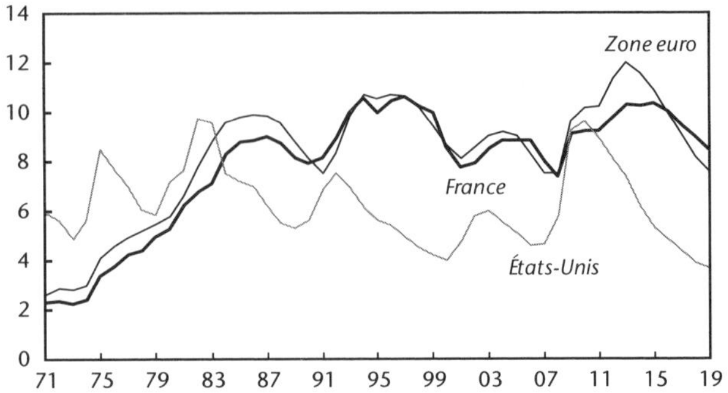

Note : taux de chômage au sens du BIT.

Source : OCDE.

En 1981, les Français élisent François Mitterrand comme président. De grands espoirs sont placés dans une politique de relance vigoureuse de l'activité. L'impact sur le chômage est suffisant pour que la France passe en dessous de la moyenne européenne (graphique 1). Mais cette relance isolée, alors que tous les autres pays menaient des politiques restrictives, a buté sur la contrainte extérieure, c'est-à-dire le creusement des déficits commerciaux (graphique 2) et des paiements courants, obligeant la France à fermer cette parenthèse avec le retour de la rigueur. En 1983, le second gouvernement Mauroy adopta une stratégie de désinflation compétitive afin de restaurer la rentabilité des entreprises et d'accentuer le freinage de la demande interne.

La construction européenne, l'inflation vaincue

Les situations économiques américaine et européenne s'écartent singulièrement dès le début des années 1980. Les politiques économiques connaissent des orientations divergentes. L'inflation aux États-Unis s'assagit plus tôt qu'en Europe, sous

Graphique 2. **Balance courante en France et aux États-Unis**

En % du PIB

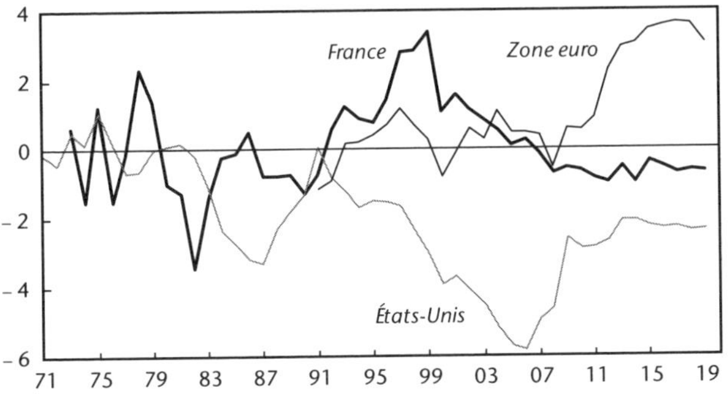

Source : OCDE.

l'impulsion d'une politique monétaire affranchie des contraintes extérieures. La croissance peut alors reprendre durant la seconde moitié des années 1980 aux États-Unis et le chômage baisse. Le *policy-mix* des « *reaganomics* » réussit beaucoup mieux que les politiques non coordonnées qui sont menées en Europe.

Le retour de la croissance est plus tardif en Europe, enclenché par le contre-choc pétrolier de 1986. Mais l'écart de chômage avec les États-Unis est creusé. En France, le gouvernement engage une politique de lutte contre l'inflation, la désinflation compétitive, à partir de 1983. Elle consiste à rompre l'indexation des salaires sur les prix, à ancrer le franc sur le Deutsche Mark (le franc fort) et à libéraliser l'économie (par les privatisations et la déréglementation).

Menée avec constance, malgré deux alternances politiques, sous quatre ministres des Finances différents, cette stratégie de désinflation compétitive a, dix ans plus tard, fait de la France le pays européen qui respecte le mieux les grands équilibres nominaux et celui dont la stabilité monétaire est la mieux assurée.

Le taux de croissance de l'indice des prix à la consommation tombe de 13,5 % en 1981 à environ 3 % à partir de 1986. Certes, des circonstances internationales — contre-choc pétrolier, baisse

Graphique 3. **Inflation en France, aux États-Unis et dans la zone euro**

En glissement annuel, moyenne mobile d'ordre 4

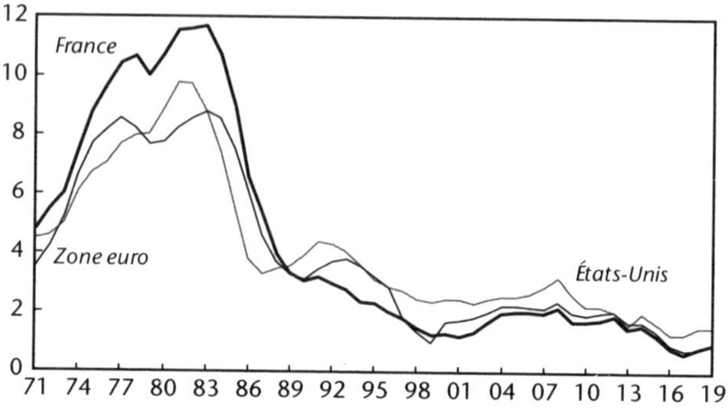

Source : OCDE.

prononcée du dollar — étaient favorables à partir de 1985, mais la performance relative au sein de l'Union européenne est éloquente (graphique 3). Les efforts passés de baisse de coûts (les salaires réels évoluaient moins vite que la productivité du travail) avaient amélioré la compétitivité, alors que la demande interne restait encore relativement dynamique.

Par ailleurs, l'assainissement des finances publiques, souvent présenté comme la condition nécessaire de la désinflation, a été mené à bien au cours de cette période où le déficit des administrations publiques est plus faible que celui enregistré aux États-Unis ou en moyenne dans l'ensemble des pays européens (graphique 4).

La demande des administrations a donc pu s'accroître tandis que celle des ménages était portée par des hausses de salaires réels qui, sans être élevées, restaient significatives. Les effets décalés du contre-choc pétrolier de 1985-1986 ont amplifié la reprise qui débuta à la mi-1987 et prit fin au début de 1990. La croissance moyenne a presque atteint 4 % en Europe les a dépassés en France (4,3 % en 1988 et 1989).

Les années 1990 confirment les divergences entre l'Europe et les États-Unis. La guerre du Golfe (1990), puis la réunification allemande (1991) plongent l'Europe dans la récession en 1993.

Graphique 4. **Solde public en France, aux États-Unis et dans la zone euro**

En % du PIB

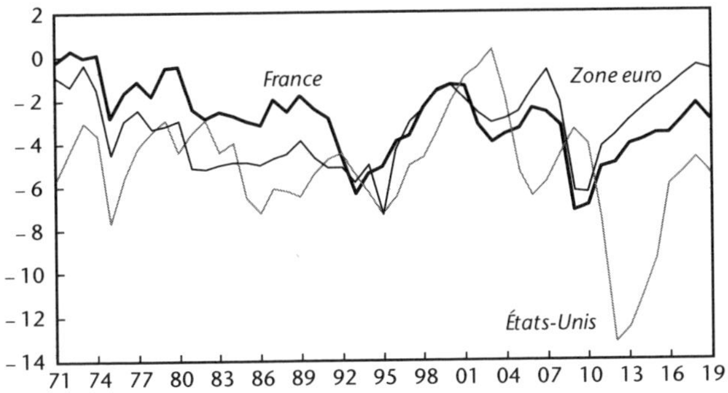

Source : OCDE.

Le choc de la réunification provoque des tensions inflationnistes fortes en Allemagne. Une réévaluation du Deutsche Mark aurait atténué le choc pour le reste de l'Europe, mais le dogme de l'ancrage persiste dans la plupart des pays européens. La politique monétaire restrictive s'applique à l'Europe entière au lieu de n'agir qu'en Allemagne. Durant cette période, les contraintes d'offre apparaissent secondaires : le niveau élevé de la part des profits permettait aux entreprises un financement aisé des investissements. Il en allait de même pour la contrainte extérieure. L'Europe avait basculé du côté d'une insuffisance structurelle de la demande, sur la lancée des évolutions passées qui visaient à réduire ces contraintes par la baisse de la part des salaires dans la valeur ajoutée. En France, celle-ci a chuté entre 1982 et 1990 ; depuis, elle oscille autour de 65 %.

De la réunification allemande jusqu'en 1997, la politique économique a pour objectif principal la monnaie unique et le respect des critères de convergence prévus par le traité de Maastricht. L'inflation, le déficit public et la dette publique doivent se situer en dessous de niveaux précis. La politique de désendettement de l'État, associée à un niveau élevé de la dépense publique, a conduit à augmenter les prélèvements obligatoires.

En conséquence des politiques menées, la croissance est faible et le chômage grimpe tandis que l'inflation et les déficits publics sont contrôlés.

L'ancrage sur le Deutsche Mark, c'est-à-dire la politique du franc fort — qui a été tenu fût-ce au prix d'un choc monétaire dévastateur, en raison de la réunification allemande —, explique une grande partie de l'écart de chômage qui se creuse entre la France et l'Europe. Le chômage est ainsi supérieur d'environ un point en France à celui de la moyenne de la future zone euro (graphique 1) alors que l'inflation y est environ inférieure d'un point (graphique 3).

La croissance « molle » de l'Europe contraste avec le dynamisme américain et, alors que l'Europe rattrapait les États-Unis durant les années 1960, les niveaux de vie ont crû beaucoup plus vite aux États-Unis qu'en Europe pendant les années 1990.

Le choix de l'Europe, en enfermant les marges de manœuvre budgétaires dont pouvait disposer le gouvernement français dans un carcan incompressible, a certes freiné dans un premier temps l'activité économique du pays ; mais elle a toutefois porté ses fruits par la suite en restaurant la crédibilité de la France, ce qui s'est traduit par une réduction de la prime de risque sur les taux d'intérêt et une restauration de la compétitivité. La perspective de l'Union monétaire a rendu possible, dès 1997, un volontarisme politique en matière économique.

Le retour temporaire de la croissance

De 1997 à 2001, l'Europe a connu une période de croissance. Le chômage a amorcé une décrue dès le milieu de l'année 1997 et, après trois années de croissance, le débat public s'est porté sur le plein-emploi. Quel est le taux de chômage que peut soutenir l'économie européenne ? Combien de temps pour retourner au plein-emploi ?

La période de croissance a été alimentée par le rattrapage du retard d'investissement accumulé pendant le début de la décennie 1990. Mais la reprise de la croissance de la productivité du travail aux États-Unis a été nette depuis 1995, laissant espérer une vague de croissance portée par les nouvelles technologies de l'information et de la communication. Les biotechnologies pourraient prendre le relais dans un avenir proche. Aux États-Unis, la productivité croissait à la fin des années 1990 à un rythme comparable à celui qu'elle avait pendant les Trente

Glorieuses (tableau 1). L'écart avec l'Europe se creuse, mais une diffusion de cette vague de croissance permettrait à l'Europe de retrouver une croissance vigoureuse en reproduisant le rattrapage sur l'économie dominante. Jusqu'à maintenant, pourtant, la productivité européenne n'affiche pas une rupture à la hausse dans son rythme de croissance.

De 1997 à 2000, la France a enregistré la plus faible inflation des grands pays d'Europe, la plus forte croissance et, en même temps, le plus important excédent de la balance courante. L'Union monétaire ne saurait pour autant expliquer à elle seule les résultats obtenus en France. Car le changement qui s'est produit depuis 1997 en termes de croissance et d'emploi ne s'est retrouvé ni en Italie ni en Allemagne, alors même que ces deux pays se situaient dans le même environnement international et monétaire.

La politique de l'emploi en France à la fin des années 1990 a comporté quelques innovations ambitieuses. Les allègements de charges sur les bas salaires, les emplois jeunes (mis en place en 1997 et développés durant les années 1998 et 1999) et les 35 heures ont contribué à la bonne performance de l'emploi en France et à la réduction de l'écart de chômage avec ses principaux partenaires. En 2000, alors que la France connaît une croissance comparable à celle de la zone euro, proche de 4 %, le chômage se réduit nettement plus (1,4 point en France contre 0,9 point dans la zone euro).

De l'éclatement de la bulle Internet...

À partir de 1999, la Fed va commencer à relever ses taux directeurs (six fois de suite). La bulle Internet finit par éclater dès mars 2000, sous la forme d'un krach boursier dont les répercussions seront mondiales. Les profits réalisés à compter de 1995 par les sociétés du Nasdaq vont être totalement volatilisés par l'ampleur des pertes enregistrées entre 2000 et 2001 (148 milliards de dollars). La vague de croissance s'interrompt brusquement. Quelques failles sont apparues dans le modèle de croissance technologique : surcapacités dues à des anticipations par trop volontaristes ; rentabilité décevante de projets, qui, après coup, apparaissent plus fumeux qu'ambitieux ; spirale du bluff et de la surenchère qui aboutissent à des scandales financiers spectaculaires (scandales Enron et Worldcom). Le doute a fait place à l'euphorie et les entreprises, même celles qui ont des

Tableau 2. **Position budgétaire en France, en Europe et aux États-Unis**

En points de PIB

	2001-2007	2008-2010	2011-2015	2016-2019
Croissance du PIB (en %)				
France	1,9	– 0,3	1,0	1,7
Zone euro (17 pays)	2,0	– 0,7	0,8	1,9
États-Unis	2,5	0,0	2,2	2,3
Solde public				
France	– 2,9	– 5,8	– 4,3	– 3,0
Zone euro (17 pays)	– 2,2	– 4,9	– 3,1	– 0,9
États-Unis	– 3,0	– 4,0	– 10,8	– 5,9
Impulsion budgétaire				
France	0,3	0,4	– 0,8	– 0,1
Zone euro (17 pays)	0,2	0,8	– 0,9	0,0
États-Unis	0,5	1,8	– 1,0	0,9

Sources : comptabilités nationales, calculs OFCE.

perspectives raisonnables, sont étranglées par des financements qui fuient le risque. L'indice Nasdaq ne reprendra son souffle qu'après deux ans de chute vertigineuse.

L'Europe paraît particulièrement maladroite dans la gestion de cette crise dont les enchaînements rappellent 1929 et dont le remède de politique économique est connu depuis Keynes : relance vigoureuse, aisance monétaire pour rompre les cercles vicieux et réenclencher la machine économique. Mais la politique budgétaire européenne est prisonnière du Pacte de stabilité et de croissance, ses centres de décision sont presque sourds à la conjoncture. En cumulé sur la période 2001-2007, l'impulsion budgétaire européenne, c'est-à-dire l'impact délibéré de la politique budgétaire et fiscale sur la croissance, n'a été que de 1,2 point de PIB. Aux États-Unis, elle aura été de 3,5 points de PIB (tableau 2).

… à la formation de la bulle immobilière…

La forte baisse des taux d'intérêt organisée par la Fed au cours de cette période a été un élément qui a contribué à l'existence de la bulle spéculative en facilitant l'emballement du crédit.

Mais elle n'en est pas l'unique responsable. Alors que la zone euro s'enlisait dans une croissance molle, les pays émergents ont connu dans le même temps une croissance dynamique, tirée principalement par les exportations. Parmi eux, le Brésil a enregistré entre 2002 et 2005 un accroissement de 13 % de son PIB, la Russie 6,7 %, l'Inde environ 7 % et la Chine 10 %. Ce fort dynamisme des pays émergents a conduit à un excès mondial d'épargne entraînant une baisse des taux d'intérêt à long terme entre 2000 et 2005. Stimulée par la faiblesse de ces taux longs et du développement d'un marché mondial des produits titrisés fondés sur les crédits à long terme, les banques ont accordé davantage de prêts hypothécaires, allant jusqu'à prêter, à taux variable, aux ménages les moins solvables (*subprimes*). Cette pratique a engendré une forte augmentation du taux d'endettement des ménages et a nourri une bulle immobilière aux États-Unis mais aussi dans de nombreux pays européens (graphique 5).

... débouchant sur la plus grande crise financière depuis 1929

Fin 2006, cette bulle immobilière éclate : les ménages endettés se retrouvent en possession de biens immobiliers valant moins que la valeur d'achat et un coût de leur crédit qui s'accroît fortement avec la hausse des taux d'intérêt. La forte hausse des saisies de logements par les banques cause la faillite en masse de plusieurs entreprises de prêts hypothécaires à risque conduisant à l'effondrement du prix des actions de l'industrie du crédit. De leur côté, ayant investi dans ces *subprimes* par l'intermédiaire de la titrisation, les secteurs des banques et des assurances sont particulièrement touchés. Conjugué à un manque de transparence du marché secondaire des hypothèques, cela débouche sur une crise de confiance dont le paroxysme est atteint le 15 septembre 2008 avec la faillite de la banque d'investissement américaine Lehman Brothers. Pour renflouer les banques et « dégeler » le marché interbancaire, les États mettent la main à la poche : aux États-Unis, le « plan Paulson » garantit 700 milliards de dollars d'actifs à risque. En Europe, les plans nationaux de sauvetage, sous forme de prêts et de garanties, se chiffrent à 1 700 milliards d'euros. Si ces interventions ont permis d'éviter la faillite d'une autre grande banque, cela n'a pas empêché l'économie mondiale d'entrer, à la fin d'année 2008, dans une phase de récession sans précédent.

Graphique 5. **Indice des prix de l'immobilier**

100=1996q1

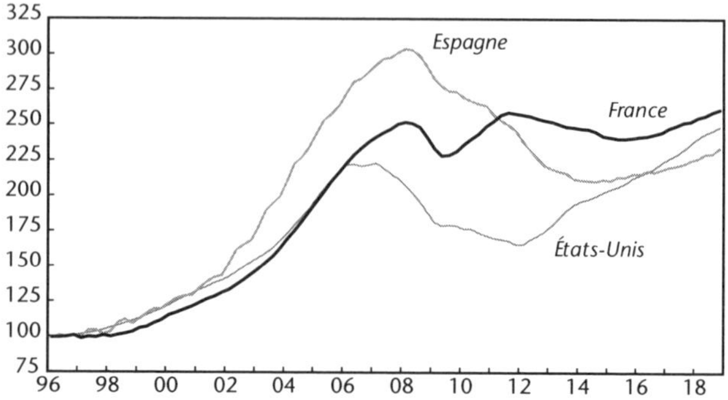

Sources : Ministère du Logement, Insee, Standard & Poor's, OFHEO.

Une politique européenne non coopérative

Au cours de cette période, à la faiblesse du *policy mix* en Europe s'est associée une politique non coopérative de la part des gouvernements des pays membres. À cet égard, le redémarrage de l'économie française a été tempéré notamment par la politique de désinflation compétitive menée outre-Rhin depuis le début des années 2000 et qui a été amplifiée en 2007 par l'augmentation de 3 points de TVA et la baisse des cotisations sociales en Allemagne.

En augmentant l'imposition des biens importés et en améliorant la compétitivité-coût des entreprises allemandes, cette politique s'apparente à une dévaluation réelle qui pèsera sur l'ensemble des économies européennes. Elle a permis à l'Allemagne de renforcer ses gains de parts de marché au détriment des autres grands pays européens et notamment de la France. Cela s'est traduit par un ralentissement de l'activité dans l'Hexagone au cours de cette période. Le défi de coopération à l'intérieur de l'Union européenne est aujourd'hui plus grand que jamais. La crise financière des années 2008 et 2009, la récession engagée et qui est loin d'être résorbée laissent des déficits importants et une dette publique considérablement accrue. Dans ce contexte, le Pacte de stabilité et de croissance induit une politique restrictive trop violente et trop rapide qui peut précipiter l'Union dans une nouvelle récession et réenclencher la panique bancaire et financière. Une politique raisonnée de stabilisation des finances publiques viserait un équilibre entre la gestion des différents risques systémiques. L'Union en paraît incapable et devient le maillon faible de l'économie mondiale.

L'observation des trente-cinq dernières années nous livre un enseignement robuste : les périodes de recul du chômage ont toutes été des périodes de retour de la croissance à un rythme soutenu. La faible croissance observée au cours des dernières années a valeur de test : soit les Européens mettent en place une politique économique commune apte à répondre à cet imprévu, soit ils tirent chacun de leur côté, retombant alors dans les travers des années 1980 et 1990.

Repères bibliographiques

ARTUS P. et CETTE G., « Productivité et croissance », *Rapport du CAE*, n° 48, La Documentation française, Paris, 2004.

BLOT C., « Les Allemands sont-ils à l'abri de l'appréciation de l'euro ? », *Clair et Net*, OFCE, 3 juillet 2007.

FITOUSSI J.-P., *Rapport sur l'état de l'Union européenne*, Fayard/Presses de Sciences Po, Paris, 2005.

HEYER E., « Le chômage, d'une crise à l'autre : retour sur un mal durable », *Cahiers français*, n° 394, septembre-octobre 2016.

MADDISON A., *Dynamic Forces in Capitalist Development*, Oxford University Press, New York, 1994.

TADDEI D. et CORIAT B., *Made in France*, Le Livre de Poche, Paris, 1993.

TIMBEAU X., « Le partage de la valeur ajoutée en France », *Revue de l'OFCE*, n° 80, 2002.

2. La place de l'État dans l'économie

Mathieu Plane et Raul Sampognaro

En France, les dépenses des administrations publiques (APU) s'élevaient à 55,6 % du PIB en 2019, soit le niveau le plus élevé de l'OCDE avec les pays scandinaves (Danemark, Finlande et Suède). La France se distingue des autres pays non pas par l'importance des dépenses de l'État ou des collectivités locales, mais par celle de son système de protection sociale. Cette spécificité explique aussi la structure de ses prélèvements obligatoires où les cotisations sociales sont élevées, en dépit des réformes successives menées depuis le début des années 1990.

Les contraintes en matière de déficit public liées à la gouvernance budgétaire européenne ainsi que la concurrence fiscale au sein du marché unique ont incité les gouvernements, à partir du milieu des années 1990, à réduire les déficits publics, notamment par la baisse du poids des dépenses publiques dans le PIB. Ce mouvement a connu une pause à la suite de la crise des *subprimes*. Le jeu des stabilisateurs automatiques et les politiques de relance mises en œuvre ont conduit à une forte augmentation du poids de celles-ci. Cette augmentation n'a pas encore été effacée en dépit de la politique d'austérité budgétaire menée à partir de 2010, réalisée essentiellement à travers la hausse de la fiscalité. Le choc économique liée à la crise de la Covid-19 va laisser des traces profondes sur les finances publiques. Pour la seule année 2020, d'après le troisième Projet de loi de finances rectificative de l'année (PLFR 3 2020), la dette publique augmenterait de près de 20 points de PIB. À plus long terme, s'ajoute l'épineuse question du financement des dépenses sociales, notamment des retraites liée au vieillissement de la population.

Un poids croissant des dépenses et de la dette publiques

Depuis 1960, les dépenses des APU ont augmenté de plus de 20 points de PIB, sous l'effet du développement du système de protection sociale, du vieillissement de la population et de la montée du chômage. Jusqu'à la fin des années 1970, la France se situait à un niveau proche de la moyenne européenne. Le décrochage entamé dans les années 1980 s'est accéléré à partir de 1993, les dépenses publiques atteignant cette année-là un point haut en France (55,2 % du PIB). De 1993 à 2007, la plupart des pays de l'OCDE ont réduit la part de leurs dépenses publiques dans le PIB. La réduction a été particulièrement marquée dans la zone euro (– 6,3 points de PIB sur la période) contre « seulement » 2,6 points en France (graphique 1). Entre 2007 et 2019, sous l'effet de la crise, les dépenses publiques ont augmenté de 3,0 points de PIB en France et de 1,4 dans la zone euro. Et pourtant la France a réalisé d'importants efforts de maîtrise de la dépense publique : en moyenne annuelle, elle n'a crû (hors les crédits d'impôts comptabilisés en dépenses comme le CICE) que de 1,3 % en volume entre 2007-2019 (contre 2,0 % au cours des dix années précédant la crise) et ce malgré la hausse des prestations chômage et le plan de relance de 2009. C'est le ralentissement de l'activité (le taux de croissance du PIB était passé de 2,4 % en moyenne sur la période 1997-2007 à 0,9 % sur la période 2008-2019) qui explique la hausse des dépenses publiques dans le PIB et non pas le relâchement de la dépense. Après crise, la consolidation budgétaire a été particulièrement marquée à partir de 2010. Dans un premier temps, l'essentiel de l'effort budgétaire a été fait à travers la hausse des prélèvements (+ 3,6 points de taux de PO entre 2009 et 2013). Depuis 2013, les efforts budgétaires du côté de la dépense publique se sont accentués, ce qui a permis d'engendrer des économies structurelles significatives (2 points de PIB sur la période 2013-2019). La réponse économique à la crise de la Covid-19 va stopper cette évolution. Le déploiement massif de l'activité partielle, les aides aux entreprises et aux indépendants décidées et la hausse des dépenses dans le système sanitaire vont fortement augmenter la dépense publique en 2020. Selon le PLFR 3 2020, la dépense publique (hors crédits d'impôts) atteindrait 63,6 % du PIB en 2020, un maximum historique. Le retour au niveau de dépenses qui prévalait en 2007 sera vraisemblablement reporté de plusieurs années.

Graphique 1. **Les dépenses publiques dans les grands pays de l'OCDE**

En % du PIB

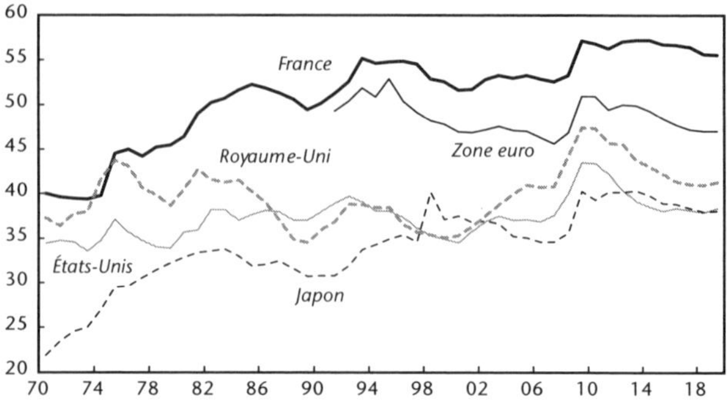

Sources : OCDE, Insee.

Entre 1978 et 2019, les dépenses publiques sont toujours restées supérieures aux recettes (déficit moyen de 3,3 % de PIB). Ainsi, la dette publique française au sens de Maastricht est passée de 21,2 % du PIB en 1978 à 98,1 % en 2019. Selon le gouvernement, la réponse à la crise de la Covid-19 porterait la dette publique au-delà de 121 % de PIB fin 2020. Comme l'investissement public est resté élevé (4,1 % du PIB en moyenne), les APU ont tout de même accumulé des actifs en contrepartie. Depuis 1978, les actifs financiers (58 % du PIB en 2018) et non financiers (90 % du PIB en 2018) détenus par les APU sont toujours restés supérieurs à l'ensemble des engagements financiers des APU[1] (135 % du PIB en 2018). La valeur nette du patrimoine des APU était de 13 % du PIB fin 2018, correspondant à un actif net de 4 500 euros par habitant.

Au cours de la dernière décennie, la dette publique, au sens de Maastricht, a fortement augmenté et s'établit à 98,1 % du PIB en 2019, un niveau historiquement élevé. Le creusement spectaculaire du déficit public — conséquence de la chute des

1 Cette mesure comprend l'ensemble du passif financier des APU alors que la dette brute au sens de Maastricht exclut les produits dérivés et les autres comptes à payer.

recettes fiscales avec la baisse de l'activité et la mise en place d'un plan de relance — et les opérations de refinancement de l'État visant à soutenir le système financier et la participation au Fonds européen de stabilité financière (FESF), puis le Mécanisme européen de solidarité (MES) ont conduit à augmenter la dette publique au sens de Maastricht de 34 points de PIB depuis 2007.

La structure des dépenses publiques

Les dépenses publiques de la France sont 9 points de PIB au-dessus de la moyenne de la zone euro (tableau 1). Le poids de la protection sociale (y compris la santé), à laquelle la France consacre 5,3 points de PIB de plus que la moyenne de la zone euro, explique en grande partie cet écart. Les dépenses publiques consacrées à l'enseignement sont également supérieures de 0,6 point de PIB à la moyenne de la zone euro en raison notamment d'une proportion de jeunes dans la population plus élevée que dans les autres pays et d'une dépense privée faible. En effet, la dépense totale par élève/étudiant en France se situe dans la moyenne de l'OCDE [2019] même si elle est inférieure à celle de nombreux pays européens avec un niveau de vie comparable (Allemagne, Royaume-Uni, Belgique, Finlande,

Tableau 1. **Les dépenses publiques par fonction en 2018**

En % du PIB

	ALL	FRA	ITA	GBR	DNK	ZE
Services généraux	5,7	6,2	7,9	4,7	6,6	6,1
Défense	1,1	1,8	1,3	1,9	1,2	1,2
Ordre et sécurité publics	1,6	1,7	1,8	1,8	0,9	1,7
Affaires économiques	3,4	5,8	3,8	3,2	3,3	4,3
Protection de l'environnement	0,6	1,0	0,8	0,7	0,4	0,8
Logement et équipements collectifs	0,4	1,1	0,5	0,8	0,2	0,6
Santé	7,2	8,1	6,8	7,5	8,3	7,1
Loisirs, culture, cultes	1,1	1,4	0,8	0,6	1,6	1,1
Enseignement	4,2	5,1	4,0	4,8	6,4	4,5
Protection sociale (hors santé)	19,4	23,9	20,8	14,9	21,9	19,6
Total	**44,6**	**56,0**	**48,4**	**40,9**	**50,9**	**47,0**

Source : Eurostat.

Suède). Le dynamisme de la démographie explique en partie que la dépense publique en logement (hors aides à la personne) et en équipements collectifs soit élevée en France. Enfin, l'effort français en défense et sécurité est supérieur à celui de ses voisins (0,6 point de PIB).

Ainsi, le niveau relativement élevé de la dépense publique en France s'explique principalement par la singularité de son modèle social, sa démographie dynamique et un budget consacré à la défense conséquent [Ducoudré *et al.*, 2017]. Enfin, la fonction « Affaires économiques », qui inclut les crédits d'impôts (CIR, CICE, ...) et autres niches fiscales et sociales qui bénéficient aux entreprises, est supérieure de 1,5 point de PIB par rapport à la moyenne de la zone euro, constituant un trait caractéristique de la fiscalité française.

Le rôle de l'État en tant que producteur de biens et services dans le secteur marchand s'est considérablement réduit à la suite des vagues de privatisations des années 1986-1988 et puis à partir de 1993. Il se limite pour l'essentiel aux activités de réseau (électricité, chemins de fer) même si, dans ce domaine, l'État a entrepris des privatisations (Air France, France Télécom, sociétés d'autoroutes) ou des ouvertures de capital (EDF, GDF, Aéroports de Paris). Fin 2018, les actions et parts de fonds d'investissement détenues par les APU étaient de 625 milliards d'euros (26 % du PIB) dont 122 milliards pour les seules actions cotées (5 % du PIB). Avec 88 entreprises relevant de son périmètre, l'Agence des participations de l'État (APE) est présente dans quatre secteurs d'activité (transports, énergie, services et finance, industrie) même si la moitié de la valeur de son portefeuille est répartie sur deux entreprises (EDF et Engie). En 2019, le gouvernement voulait accélérer cette politique de désengagement de l'État en tant que producteur direct de biens et services avec la privatisation de la Française des jeux et d'Aéroports de Paris. Si la première opération a été réalisée, la deuxième a été suspendue en raison de la crise affectant la mobilité internationale à la suite du déclenchement de la pandémie de la Covid-19. Plus largement, la crise de la Covid-19 pourrait renverser cette tendance au désengagement de l'État comme producteur. La mobilisation massive de moyens publics avec les plans de soutien sectoriels, notamment dans l'automobile et l'aéronautique, pourront donner à l'État de nouveaux leviers d'action en termes de politique industrielle.

Le rôle croissant de la protection sociale et des collectivités locales

La hausse du poids dans le PIB des dépenses publiques observée entre 1980 et 2019 (9,2 points de PIB) est due pour 64 % à l'augmentation de celle des administrations de sécurité sociale, à 35 % de celle des administrations publiques locales (APUL) et seulement 1 % de celle de l'État. La part dans le PIB des dépenses de l'État (hors transferts entre administrations) a très peu augmenté sur cette période (0,2 point de PIB) et représente, en 2019, 36 % de la dépense publique totale contre 44 % pour celle des administrations de sécurité sociale et 20 % pour celles des APUL.

La forte croissance des dépenses des APUL au cours des dernières décennies est en partie due à la décentralisation entamée au cours des années 1980. En 2019, près de 60 % de l'investissement public était réalisé par les APUL et ce malgré la réduction de leurs dotations. Celles-ci ont la charge d'une partie du réseau routier, des bâtiments scolaires, des infrastructures locales, des logements sociaux et des services publics locaux (collecte des déchets, éclairage, eau). Si l'État investit moins, il pilote une partie de l'investissement local *via* les subventions qu'il verse : près de 20 % des revenus des collectivités locales proviennent des dotations de l'État et des transferts de recettes fiscales.

Si l'on regarde la dépense publique au niveau agrégé, plus que la totalité de sa hausse entre 1980 et 2019 est liée à l'augmentation des prestations sociales et autres transferts (9,9 points). L'autre poste d'augmentation étant les charges d'intérêts payées sur la dette publique. Ces dernières se sont accrues de 0,2 point de PIB entre 1980 et 2019 avec l'augmentation de près de 78 points de PIB de l'endettement public (au sens de Maastricht). Malgré la hausse de 34 points de PIB de la dette publique observée depuis 2007, la baisse des taux d'intérêt publics à toutes les maturités a permis une diminution de 1,2 point de PIB de la charge d'intérêts. Celle-ci représente 1,5 point de PIB en 2019, le plus faible niveau depuis 1980, année où la dette publique était à 21 % du PIB. En juin 2020, le taux d'intérêt sur les OAT à dix ans était nul, soit un niveau très faible, et bien inférieur à la croissance nominale du PIB français, ce qui permet d'atténuer les pressions sur les finances publiques.

La rémunération des fonctionnaires (y compris leurs retraites) représente 22 % de la dépense publique et sa part dans le PIB n'a pas augmenté entre 1980 et 2019. Le poids de l'investissement public a diminué sur cette période de 0,5 point de PIB et se situait à 3,7 points de PIB en 2019.

La hausse des dépenses sociales s'explique par la montée en puissance des régimes de retraite introduits après la Seconde Guerre mondiale, la forte demande de soins de santé et, dans une moindre mesure, la hausse du chômage.

Premier poste de dépenses de la protection sociale, les pensions de vieillesse et de survie, tous régimes confondus, s'élèvent à 322 milliards d'euros en 2018, soit 13,7 % du produit intérieur brut (PIB). Parmi ces dépenses, 11,9 % du PIB étaient consacrés aux pensions de droit direct de retraite de base et de retraite complémentaire, le reste (1,5 % du PIB) étant des pensions de droit dérivé (pensions de réversion) et des dépenses de gestion et d'action sociale (0,4 % du PIB). Les régimes complémentaires obligatoires représentent un peu plus d'un quart des pensions de retraite versées. Selon la Drees [2018], la pension nette moyenne issue des régimes obligatoires représente en France 66 % du salaire net moyen, soit moins qu'aux Pays-Bas ou en Autriche mais plus qu'au Royaume-Uni où une partie importante des pensions est versée par des régimes privés. Afin de contrecarrer la dynamique des dépenses publiques pour les retraites, des multiples réformes ont été mises en œuvre notamment pour relever l'âge de départ à la retraite, la durée de cotisation et pour diminuer le taux de remplacement en lien avec la modification du mode de calcul des pensions et de la règle de revalorisation des retraites. Selon un rapport du Conseil d'orientation des retraites (COR) [2019], le solde de l'ensemble des régimes de retraite de base et complémentaires a retrouvé l'équilibre en 2018. Ce solde se dégraderait à moyen terme sous l'effet des tendances démographiques qui diminuent le ratio de dépendance. Le rapport démographique des 20-64 ans sur les 65 ans passerait de 2,9 en 2018 à 1,7 en 2070. En fonction des scénarios de tendance de productivité, le retour à l'équilibre financier est attendu horizon 2042 (croissance à + 1,8 %) ou à 2056 (scénario à + 1,5 %). Dans les autres scénarios, le COR ne prévoit pas de retour à l'équilibre à long terme. Depuis la réalisation de ces simulations, le COR a dégradé ses perspectives financières à la suite de nouvelles simulations pointant les effets d'un désengagement de l'État dans le financement des pensions. Ce nouveau rapport s'est inscrit dans le contexte des débats sur la réforme des retraites de l'hiver 2019-2020. La baisse de la masse salariale qui fait suite à la crise de la Covid-19 devrait aggraver le déficit du système de retraites en 2020. Selon le point de situation publié en juin 2020 par le COR, l'effet sur le solde global du système serait de 25 milliards d'euros, soit 1,2 % du PIB.

La dépense courante en santé s'établissait à 11,7 % du PIB en 2018. Les prestations d'assurance maladie couvrent la majeure partie des dépenses de santé, les mutuelles et instituts de pré-voyance des sociétés privées représentant 13 % des remboursements de soins. En lien avec le vieillissement de la population et le progrès technique dans le secteur, les dépenses en santé augmentent de façon tendancielle. Cela a poussé les gouvernements successifs à mettre en œuvre des politiques de maîtrise de la dépense. S'il a été quasiment systématiquement dépassé depuis sa création en 1996, depuis 2010 l'Objectif national de l'assurance maladie (Ondam) a été systématiquement respecté ou sous-exécuté. Pour limiter la progression de la dépense, la stratégie nationale de santé s'articule autour du renforcement de l'efficacité de la dépense hospitalière, la diffusion de la chirurgie ambulatoire et des efforts sur les prix des médicaments. Les efforts importants du côté des dépenses ont permis la réduction du déficit de l'assurance maladie au cours des dernières années, celui-ci serait de l'ordre de 3 milliards en 2019. Dans ce contexte, l'Ondam aurait dû rester à un bas niveau de 2,3 % – 2,5 % jusqu'à 2022 alors que son tendanciel s'établit à 4,5 %. Le déclenchement de l'épidémie de Covid-19 et la tenue du « Ségur de la santé » pourraient modifier cet objectif.

La politique familiale soutient les familles nombreuses : les allocations familiales ne sont versées qu'à partir du deuxième enfant, le complément familial n'est versé qu'aux familles à bas revenu ayant au moins trois enfants et la plupart des *minima* sociaux tiennent compte de la structure familiale. Le calcul de l'impôt sur le revenu (IRPP) joue également un rôle important par le biais du quotient familial. Ces mesures visent à compenser la baisse du niveau de vie associée au coût de chaque enfant supplémentaire (égalité horizontale).

La réduction des inégalités s'effectue par le biais de l'aide sociale, des aides au logement, des allocations familiales et *via* la fiscalité. Si l'on prend en compte les prestations sociales et les prélèvements obligatoires directs (cotisations et impôts directs), le système socio-fiscal divise par quatre les inégalités entre les ménages les plus pauvres et les plus riches. En moyenne, en 2018 selon l'Insee, les 10 % de ménages qui ont les revenus primaires (c'est-à-dire avant impôts et prestations) les plus élevés gagnaient vingt-deux fois plus que les 10 % des ménages les plus pauvres. Mais comme ces derniers paient moins d'impôts (49 % des prélèvements directs sont acquittés par les 10 % de ménages les plus aisés) et reçoivent plus de prestations sociales (45 % des prestations familiales et aides sociales sont reçues par les 10 % les plus pauvres), le revenu disponible des 10 % les plus aisés se réduit à six fois celui des 10 % des plus pauvres. Malgré un système fortement redistributif, 14,7 % des personnes résidant en France, soit 9,3 millions de personnes, étaient considérées comme pauvres en 2018, c'est-à-dire disposant d'un niveau de vie inférieur à 60 % du niveau médian (1 065 euros par mois). La pauvreté monétaire est particulièrement élevée chez les chômeurs (38 %) et les familles monoparentales (34 %).

Au cours des trente dernières années, la nature du système français de protection sociale s'est modifiée. Initialement bismarckienne, fondée sur la relation professionnelle, la protection sociale a évolué vers un système plus universaliste avec la création du RMI en 1988, remplacé par le RSA « socle » en 2009, la contribution sociale généralisée (CSG, en 1990) et la couverture maladie universelle (CMU, en 2000). En juin 2019 a été lancée la concertation sur le revenu universel d'activité (RUA) qui doit être une aide unique remplaçant le RSA, la prime d'activité, les APL et le minimum vieillesse.

Fiscalité : le poids des cotisations employeurs

Depuis 1980, le taux de prélèvements obligatoires (PO) a augmenté de 4,5 points de PIB en France, soit plus que la moyenne non pondérée des pays de l'OCDE (+ 4,2 points de PIB). Au sein des pays avancés, des situations diverses émergent : une légère baisse aux Pays-Bas et aux États-Unis (– 1,2 point dans ce dernier pays), une faible augmentation dans la plupart des pays anglo-saxons (un peu plus de 2 points de PIB au Canada et en Australie et 0,2 point au Royaume-Uni) ; au contraire, une très forte augmentation dans les pays du sud de l'Europe (+ 13 points en Italie et au Portugal, + 18 en Grèce et + 12 en Espagne), dans les pays asiatiques de l'OCDE (+ 11 points en Corée du Sud et + 7 points au Japon) et certains pays scandinaves (+ 4 points au Danemark et + 7 en Finlande).

En 2018, la fiscalité française est la plus élevée de l'OCDE avec le Danemark (tableau 2) et se situe à un niveau proche de la Belgique et de la Finlande. Cependant, les comparaisons de taux de PO entre pays doivent être maniées avec prudence. Outre la difficulté d'obtenir une mesure standardisée entre les pays, ces taux sont indissociables des dépenses qu'ils financent. Dans les pays où le taux de PO est élevé, certaines prestations, notamment de protection sociale, se substituent aux dépenses privées des pays où le taux de PO est bas.

L'évolution générale des PO en France depuis quarante ans peut se décomposer en plusieurs étapes : de 1975 à 1987, le taux de PO a augmenté fortement, passant de 35,1 % à 42,1 % du PIB, avant de légèrement baisser de 1988 à 1992 (40,7 % en 1992). Les sept années suivantes sont marquées par une hausse sensible de la pression fiscale (+ 3,4 points de PIB). Les hausses d'impôts décidées au milieu des années 1990 ont, pour l'essentiel, été guidées par la volonté de respecter les critères de déficit et de dette issues du traité de Maastricht. Après le niveau record atteint en 1999 (44,0 %), les PO ont été régulièrement réduits

Tableau 2. **Les taux de prélèvements obligatoires**

En % du PIB

	1995	2018	2018			2018
	FRA		ALL	DNK	USA	OCDE
Impôts sur le revenu, les bénéfices et les gains en capital	6,9	11,6	12,5	27,9	11,0	11,5
dont Impôts sur le revenu et les bénéfices des sociétés	*2,1*	*2,1*	*2,1*	*2,9*	*0,9*	*2,9*
Cotisations de sécurité sociale	18,1	16,1	14,4	0,0	6,1	9,4
Impôts sur les salaires et la main-d'œuvre	1,1	1,5	0,0	0,3	0,0	0,5
Impôts sur le patrimoine	3,0	4,1	1,0	1,8	3,0	1,9
Impôts sur les biens et services	11,7	11,5	10,0	14,7	4,3	11,1
Autres	1,6	1,2	0,1	0,0	0,0	0,2
Total	**42,3**	**46,1**	**38,2**	**44,9**	**24,3**	**34,3**

Source : OCDE.

jusqu'en 2009 (41,2 %), notamment en raison des baisses successives de l'IRPP et de la loi TEPA de 2007. Entre 2009 et 2014, ils se sont redressés de 3,5 points de PIB avec la mise en place de plans de rigueur visant à réduire rapidement le déficit public dans le contexte de la crise des dettes souveraines en zone euro. Depuis 2015, les mesures discrétionnaires mises en place allègent légèrement la fiscalité.

À la suite de la crise des *subprimes* et de la crise de la zone euro, les PO ont été fortement augmentés afin de restaurer les comptes publics. Le cumul des nouvelles mesures en PO mises en œuvre entre 2011 et 2017 s'établissent à 67 milliards d'euros. Les mesures qui portent sur les ménages auraient augmenté de 50 milliards d'euros (2,2 points de PIB) et celles sur les entreprises de 3,5 milliards (0,2 point de PIB). Enfin, 13 milliards correspondent à des taxes payées à la fois par les ménages et les entreprises, notamment liées à leur consommation énergétique [Sampognaro, 2016]. Ainsi, le taux de PO sur les ménages a atteint en 2018 un plus haut historique alors que celui sur les entreprises est revenu en 2018 à un niveau inférieur à celui d'avant la crise de 2008, phénomène qui s'est accentué en 2019 avec la transformation du CICE en baisse permanente des cotisations sociales employeurs.

Depuis 2018, la politique fiscale a changé d'orientation et vise désormais à réduire la fiscalité reposant sur les ménages. Les choix fiscaux du budget 2018 ont été marqués par la réduction de la fiscalité du capital (réforme de l'ISF et mise en place du prélèvement forfaitaire unique). *A contrario*, les autres prélèvements nets sur les ménages ont été accrus, les mesures fiscales visant à redonner du pouvoir d'achat aux ménages (baisse de la taxe d'habitation et des cotisations sociales, crédit d'impôt sur les services à la personne…) n'ont pas suffi à compenser l'effet négatif de la hausse de la fiscalité indirecte (tabac et écologie) et de la CSG. En 2019, le taux de PO a baissé de 0,7 point de PIB (à 44,1 %) sous l'effet notamment des mesures d'urgence économique et sociale prises en décembre 2018 à la suite de la crise des Gilets jaunes. Les PO sur les ménages baisserait ainsi de près de 9 milliards en 2019. Malgré les baisses discrétionnaires de la fiscalité sur les ménages depuis deux ans, le taux de PO apparent sur les ménages en 2019 reste encore plus de 2 points de PIB au-dessus de sa moyenne 1995-2010.

Par rapport à la moyenne des pays de l'OCDE, la structure de la fiscalité en France se caractérise par une part des impôts faible (notamment pour l'IRPP et de l'impôt sur les sociétés) et une part des cotisations élevée, en particulier celles payées par les employeurs. Dans les années 1970 et la première moitié des années 1980, les taux de cotisations sociales ont considérablement augmenté. La création de la CSG en novembre 1990, en élargissant l'assiette des prélèvements aux revenus du capital et à certains revenus sociaux, a permis de diminuer les cotisations salariées. Ainsi, la part des cotisations dans l'ensemble des ressources des administrations de sécurité sociale s'est réduite, passant de 86 % en 1990 à 56 % en 2019.

À partir de 1993, les cotisations employeurs sur les bas salaires ont été réduites afin de stimuler l'emploi des salariés peu qualifiés. Ces allègements généraux représentent environ 20 milliards d'euros, auxquels s'ajoutaient encore 6 milliards d'exonérations liées à des mesures ciblées (publics, secteurs ou zones géographiques particulières). La politique de baisse du coût du travail s'est accélérée avec l'instauration du crédit d'impôt compétitivité emploi (CICE) et du Pacte de responsabilité. Ces dispositifs représentent une baisse du coût du travail de 33 milliards d'euros (1,5 point de PIB) en 2018. En 2019, le CICE est transformé en baisse de cotisations sociales patronales et « 0 % charges » au niveau du SMIC, correspondant à une baisse de 10 points des cotisations au niveau du SMIC.

Par ailleurs, d'autres mesures ont cherché à augmenter les incitations financières à travailler. La baisse de l'IRPP sur les tranches les plus basses, les réformes de la décote pour le calcul des retraites, ainsi que la création de la prime pour l'emploi (PPE) visaient à augmenter l'écart entre revenus d'assistance et revenus du travail. En 2016, la PPE a été transformée ultérieurement en prime d'activité. La forte revalorisation de cette dernière, décidée pour 2019 lors du vote des mesures d'urgence économique et sociale, s'inscrit dans la continuité de cette politique. Ainsi, 5,1 millions de foyers seraient éligibles à la prime d'activité contre 3,9 millions auparavant.

Les recettes des impôts sur le revenu, les bénéfices et les gains en capital, qui comprennent l'IRPP et la CSG, sont plus faibles en France que dans la plupart des autres pays (11,6 % du PIB contre plus de 12 % en Allemagne et 29 % au Danemark). L'introduction de la CSG en 1991, qui rapporte désormais 70 % de plus que l'IRPP, a réduit l'écart. La CSG, prélevée à la source, a une assiette large et est proportionnelle au revenu, bien qu'avec des taux différents selon l'origine des revenus, alors que l'IRPP est progressif, familiarisé et a une assiette étroite. En 2018, le taux de CSG a été relevé de 1,7 point sur l'ensemble des revenus (à l'exception des petites retraites et de ceux issus de l'assurance chômage) pour financer une baisse des cotisations salariés (santé et chômage) pour 3,15 points de salaire brut. La CSG a augmenté de 26 milliards en 2018 et a rapporté 127 milliards en 2019 (5,2 points de PIB). Cela tend à faire converger la structure de la fiscalité française vers celle des pays similaires. En revanche, le poids de l'IRPP a été amenuisé par des réformes successives. Depuis le début des années 1990, les taux d'imposition du barème de l'IRPP ont été réduits à de nombreuses reprises. Le taux marginal supérieur est passé de 56,8 % en 1990 à 48,09 % en 2004. La réforme fiscale votée pour 2007 a modifié le barème de l'IRPP : il comptait quatre tranches imposables au lieu de six et intégrait l'abattement de 20 %. Le taux de la tranche marginale supérieure est passé ainsi à 40 %. Avec la réforme des retraites de 2010, ce taux marginal est passé à 41 % et la loi de finances pour 2013 a instauré une tranche supplémentaire à 45 % pour les revenus supérieurs à 152 000 euros par unité fiscale. Enfin, dans le cadre du Pacte de responsabilité, le gouvernement a supprimé en 2015 la première tranche de l'IRPP (qui était à 6 %), mais a abaissé le seuil d'entrée de l'ex-deuxième tranche (à 14 %) de 11 900 à 9 700 euros. En 2016, le gouvernement a mis en place une nouvelle baisse de l'IRPP, par le biais de l'augmentation de la décote. En avril 2019, le président de la République a annoncé une réforme de l'IRPP visant à réduire son montant de 5 milliards d'euros pour 95 % des contribuables assujettis, ces derniers représentant 43 % des foyers fiscaux.

Un rapport du Conseil des PO (mai 2011) a pointé le fait que l'IRPP a perdu de sa progressivité depuis 1998. Ceci a particulièrement bénéficié aux ménages disposant de revenus élevés. Ces évolutions résultent principalement de l'évolution du barème, mais également de la réduction de son assiette et des autres dispositions permettant de réduire le montant effectivement dû d'IRPP *via* le recours à des niches fiscales. Les travaux de Landais *et al.* [2011] et de Bozio *et al.* [2012] mettent également en avant ce constat d'une assiette de l'IRPP trouée entraînant une dégressivité de l'impôt sur le revenu au-delà d'un certain seuil de revenu (visible pour les 1 % en haut de l'échelle des revenus et qui est plus marquée au-delà des 0,1 %). Dans le cadre de la politique budgétaire de réduction du déficit public de 2011 à

2013, les différents gouvernements ont réduit les niches fiscales et augmenté la fiscalité sur les revenus du capital, même si la mise en place du prélèvement forfaitaire unique (PFU) en 2018 renverse cette tendance. Au final, l'IRPP, dont le rendement était de 47 milliards d'euros en 2010, a atteint près de 75 milliards en 2019, une progression de 60 %. Depuis janvier 2019, l'IRPP est prélevé à la source, ce qui veut dire que l'impôt est prélevé chaque mois sur le revenu (bulletin de paie, retraite...) alors qu'auparavant il était directement payé par le ménage à l'administration fiscale avec un décalage d'un an.

Au cours des vingt dernières années, les impôts sur les entreprises ont augmenté, mais cette hausse a été compensée par la baisse des cotisations employeurs. Au final, le taux de PO sur les entreprises a été relativement stable depuis vingt ans et tourne autour de 16,7 % du PIB [Madec *et al.*, 2020]. Les impôts sur la production avaient augmenté continûment jusqu'à la fin des années 1990. À partir de 1999, ils ont baissé avec la suppression de la part des salaires de l'assiette de la taxe professionnelle (TP), taxe qui a été définitivement supprimée en 2010. Elle a été remplacée par la contribution économique territoriale (CET) qui comporte une part foncière et une part assise sur la valeur ajoutée. Par ailleurs, la C3S, qui est une taxe sur le chiffre d'affaires et qui rapportait à l'État près de 6 milliards d'euros en 2014, a été progressivement allégée dans le cadre du volet fiscal du Pacte de responsabilité.

Les taux d'imposition des bénéfices des sociétés (IS) ont beaucoup varié. Le taux normal d'IS, qui était de 50 % entre 1965 et 1985, a été progressivement réduit pour atteindre 33,3 % en 1993. En 2020, le taux normal d'IS est de 28 % et certaines PME sont soumises à un taux de 15 % sur la tranche inférieure de leurs bénéfices fiscaux (jusqu'à 38 120 euros de résultat fiscal). En 2022, le taux d'IS devrait atteindre 25 %, poursuivant la baisse des impôts reposant sur les entreprises.

Les entreprises ne sont pas toutes égales face à l'IS. Selon un rapport de la Cour des comptes d'octobre 2009, les entreprises de plus de 2 000 salariés, en utilisant pleinement les leviers de l'optimisation fiscale, avaient un taux implicite d'IS de seulement 13 % (8 % pour les groupes du CAC 40) alors que les PME de moins de vingt salariés avaient un taux de 30 %. Les mesures fiscales prises dans le cadre des dernières lois de finances (réduction de la déductibilité des charges financières, limitation du report en avant des déficits, surtaxe d'IS pour les grandes entreprises, réduction de la niche « Copé »…) ont réduit cet écart. Selon les chiffres du ministère des Finances, l'écart entre le taux d'IS des PME et celui des grands groupes ne serait plus que de 6 points (32 % contre 26 %).

Les impôts indirects sont constitués de la taxe sur la valeur ajoutée (TVA) et des accises (droits de consommation sur les tabacs, les alcools, TIPP). La TVA est l'impôt qui rapporte le plus de recettes aux APU (174 milliards d'euros en 2019). Les taux appliqués ont varié à plusieurs reprises. En 1992, le taux dit normal était de 18,6 %. En 1995, le gouvernement Juppé a relevé ce taux à 20,6 %. En avril 2000, il est passé à 19,6 %. Il existe aussi des taux réduits de 5,5 % sur certains biens et services (produits alimentaires, transports, cantines scolaires, livres, abonnements d'électricité et de gaz, certains travaux de rénovation des logements) et à 2,1 % notamment sur les médicaments remboursés et la presse. Un taux de TVA intermédiaire à 7 % a été mis en place en 2011 notamment pour l'entretien et la réparation des habitations, les services à la personne et de transport, la restauration. Afin de financer une partie du CICE, en 2014, le taux normal de TVA est passé de 19,6 % à 20 % et le taux intermédiaire de 7 % à 10 %.

Heurs et malheurs des finances publiques

La politique budgétaire reste la prérogative des gouvernements nationaux même si la gouvernance budgétaire européenne oblige les pays de la zone euro à avoir un déficit public inférieur à 3 % du PIB et à équilibrer leurs finances publiques à moyen terme. En outre, le déficit structurel ne doit pas dépasser 0,5 % du PIB à moyen terme et la dette publique supérieure à 60 % du PIB doit être réduite de 1/20e par an.

Le déficit public s'est nettement réduit entre 1993 et 2000 (graphique 2) grâce aux politiques d'ajustement structurel et à la forte croissance au cours des dernières années de la décennie 1990. Le solde public de la France est ainsi passé de – 6,4 % du PIB en 1993 à – 1,3 % en 2000 (de – 5,8 % en 1993 à – 1,3 % en 2000 dans la zone euro).

Pendant la même période, les États-Unis et le Royaume-Uni ont connu une croissance économique très forte (respectivement 3,9 % et 3,2 % en moyenne), supérieure à celle de la zone euro (2,3 %), ce qui leur a permis de dégager des excédents budgétaires en 1999 et 2000, et leur a donné des marges de manœuvre pour stimuler fortement leurs économies de 2001 à 2003, déprimées par l'écla-

Graphique 2. **Les soldes publics**

En % du PIB

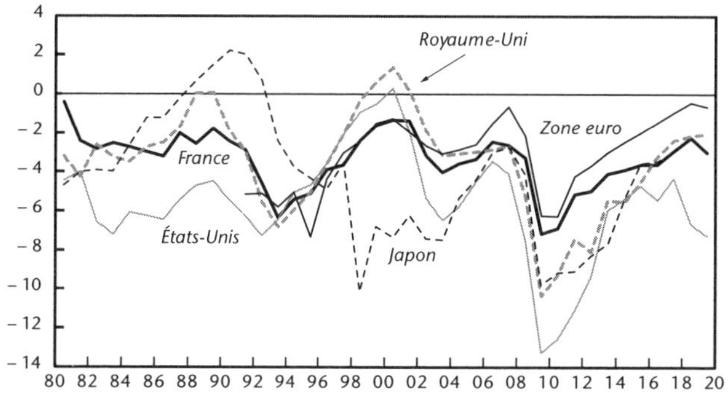

Source : OCDE.

tement de la bulle Internet. Contrainte par la règle budgétaire des 3 %, la zone euro a mené, au contraire, une politique budgétaire timide au cours de cette phase de ralentissement économique. De 2003 à 2007, la France a réduit son déficit public de 1,4 point de PIB, le ramenant à 2,4 % du PIB en 2006, mais la baisse des PO de 2007 a conduit à une nouvelle hausse du déficit public (2,6 % de PIB). De 2003 à 2007, la zone euro a réduit son déficit public de 2,4 points de PIB, se rapprochant de l'équilibre budgétaire en 2007 (– 0,6 % du PIB). Avec la crise, la chute drastique des recettes fiscales et la nécessité de plans de relance pour stimuler les économies dans les pays industrialisés ont conduit à une augmentation du déficit public, de 2007 à 2009, de 4,6 points de PIB en France, de 5,6 dans la zone euro, de 7,0 au Japon, de 7,7 au Royaume-Uni et de 9,2 aux États-Unis. Sous la pression de la Commission européenne et des marchés financiers, les pays de la zone euro ont adopté des plans d'austérité de grande ampleur, au prix d'une forte hausse du chômage, conduisant à réduire le déficit public de 4,2 points de PIB en France et de 5,6 points dans la zone euro de 2009 à 2019. Cependant, bien que les situations nationales soient relativement disparates dans la zone euro, le déficit public dans la zone était au niveau agrégé de 0,7 % du PIB en 2019, soit un niveau bien inférieur à celui des États-Unis

(7,3 % selon l'OCDE), en forte hausse avec la mise en œuvre du programme économique du président D. Trump, mais aussi par rapport aux déficits observés au Royaume-Uni (2,1 %) ou au Japon (2,6 %).

En dépit de la hausse de la dette publique, il est indéniable que, jusqu'à présent, les finances publiques ont été maîtrisées en zone euro. La comparaison avec les évolutions observées dans les autres économies va clairement dans ce sens. Les règles budgétaires européennes ont été effectives pour discipliner la politique budgétaire des États membres. Ceci n'a pas été sans coût, la zone euro — et surtout certains pays du sud — peine à effacer les stigmates de la crise de 2008 en termes d'emploi et de niveau de vie. Les pressions déflationnistes liées à la hausse du chômage rendent plus difficile le désendettement public. S'il est nécessaire d'assurer la soutenabilité des comptes publics, il n'est pas possible de faire l'économie d'une analyse macroéconomique pour évaluer quelle est la politique budgétaire la plus adaptée au regard de tous les objectifs qui lui sont attribués [Ducoudré *et al.*, 2018].

Repères bibliographiques

BOZIO A. *et al.*, « Fiscalité et redistribution en France, 1997-2012 », *Rapport de l'IPP*, École d'économie de Paris, mars 2012.

CONSEIL D'ORIENTATION DES RETRAITES (COR), « Évolutions et perspectives des retraites en France », *Rapport annuel*, juin 2019.

DREES, *Les Retraités et les retraites*, Panorama de la Drees, Paris, 2018.

DUCOUDRÉ B. *et al.*, « Refonte des règles budgétaires européennes », *Revue de l'OFCE*, n° 158, 2018.

DUCOUDRÉ B., PLANE M. et SAMPOGNARO R., « Dépenses publiques : quels enjeux pour le prochain quinquennat ? », *Policy Brief de l'OFCE*, n° 17, mai 2017.

LANDAIS C., PIKETTY T. et SAEZ E., *Pour une révolution fiscale*, Seuil, « La République des idées », Paris, 2011.

MADEC P., MALLIET P., PLANE M., SAMPOGNARO R. et TIMBEAU X., « Entre 2008 et 2016, les réformes sociales et fiscales ont pesé sur le revenu des ménages mais ont renforcé le rôle d'amortisseur social du système redistributif », *Portrait social, édition 2018*, Insee, Paris, 2018.

MADEC P., PLANE M. et SAMPOGNARO R., « Budget 2020 : du pouvoir d'achat au travail », *Policy Brief de l'OFCE*, n° 64, février 2020.

OCDE, *Regards sur l'éducation 2019 : les indicateurs de l'OCDE*, OCDE, Paris, 10 septembre 2019.

SAMPOGNARO R., « 2010-2017 : un choc fiscal concentré sur les ménages », Blog de l'OFCE, 14 novembre 2016.

3. Emploi et chômage avant Covid-19[1]

Bruno Ducoudré

Début 2020, au moment où débute la crise de la Covid-19, l'économie française compte 2,3 millions de chômeurs au sens du Bureau international du travail (BIT). Le taux de chômage au sens du BIT a atteint un point bas à 7,8 % de la population active en France (hors Mayotte) au premier trimestre, malgré l'effondrement de la croissance. La précédente crise amorcée en 2008, alors que le chômage s'était approché du taux des 7 % de la population active, avait repoussé de plus d'une décennie l'espoir d'un retour rapide au plein-emploi. En s'ancrant dans la durée, elle a soulevé de nombreuses questions, qui conservent toute leur actualité au moment où l'économie française fait face à une crise d'une ampleur inédite. Les destructions d'emplois ont-elles été conformes à celles observées dans les précédentes crises ? Peut-on aujourd'hui parler d'une nouvelle phase de désindustrialisation ? Observe-t-on un accroissement de la précarité des travailleurs parallèlement à la hausse du chômage ? La hausse durable du chômage a-t-elle fait évoluer structurellement les caractéristiques des chômeurs français ? Dans quelle mesure les récentes réformes du marché du travail ont-elles flexibilisé le marché du travail français ?

Emploi, croissance et productivité

Le cycle de productivité

À court terme, l'emploi est essentiellement déterminé par les variations de l'activité économique, mais l'ajustement est

1 Le chapitre II.2 traite des questions d'emploi et de chômage durant la crise liée à la Covid-19.

Graphique 1. **Cycles d'activité et de productivité dans le secteur marchand**

En % de la valeur ajoutée

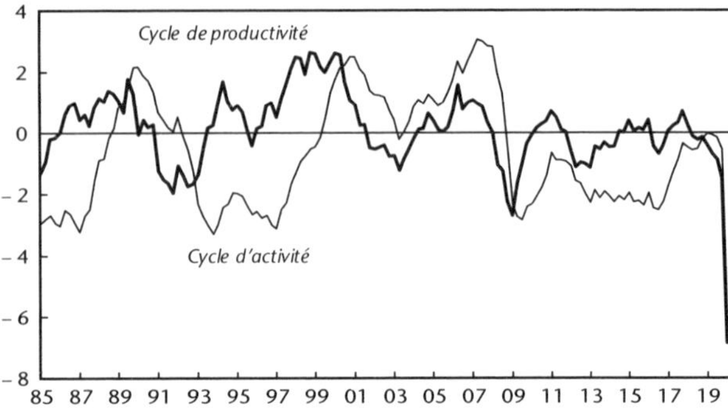

Légende : le cycle d'activité (ou de productivité) est représenté par l'*output gap* calculé par l'OCDE et le cycle de productivité est l'écart de la productivité à sa tendance de long terme.

Sources : OCDE, Insee, calculs de l'auteur.

progressif. L'impact de la croissance sur l'emploi est amorti par le comportement des entreprises, conduisant à un cycle de productivité : si les entreprises adaptent très rapidement le volume d'emplois temporaires (CDD courts, intérim) à la conjoncture, elles n'ajustent pas immédiatement leurs effectifs stables aux besoins de la production. Elles préfèrent recourir à la flexibilité interne, en ajustant les rémunérations salariales variables et le temps de travail *via* les heures supplémentaires, les congés imposés ou le chômage partiel.

Les entreprises ne vont ajuster leurs effectifs que si le rebond ou le creux conjoncturel se montrent durables. C'est pourquoi la productivité du travail s'accélère lors des phases de reprise et freine lors des ralentissements conjoncturels (graphique 1). La modification du rythme de croissance a donc des effets retardés sur l'emploi, et la croissance de la productivité du travail fluctue à court terme.

Suivant le mécanisme du cycle de productivité, l'économie française a connu une chute du rythme de productivité dès le début de la crise économique et financière de 2008. Malgré des

Graphique 2. **Chômage au sens du BIT depuis 1975**

En millions de personnes, CVS*, France (hors Mayotte)

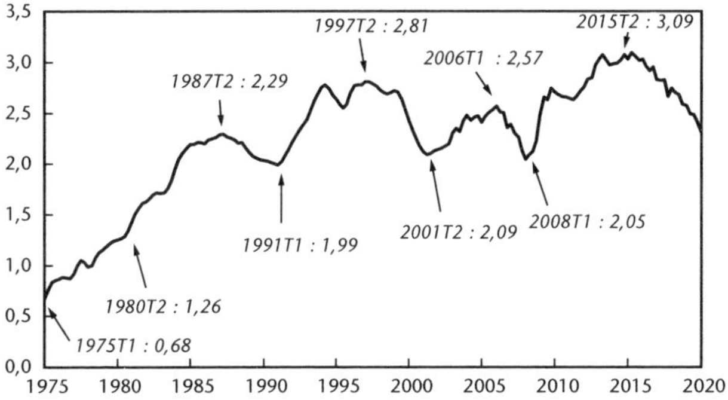

* Corrigé des moyennes saisonnières.

Source : Insee.

destructions très rapides d'emplois courts, les entreprises ont préservé dans un premier temps les CDI, notamment grâce à une baisse du temps de travail de 0,8 % entre début 2008 et fin 2009, favorisée par une extension du dispositif de chômage partiel, et malgré le dispositif de défiscalisation des heures supplémentaires.

Pour autant, l'ampleur de la rétention de main-d'œuvre au cours de cette crise a été importante et durable. Avec une croissance tendancielle de la productivité estimée à 0,8 %, le regain de croissance de 2010-2011 a juste permis de refermer le cycle de productivité, mais la rechute de l'économie française et européenne a conduit à un nouveau creusement de ce dernier (graphique 1). Sans un tel ralentissement de la productivité, 190 000 emplois supplémentaires se seraient ajoutés aux 191 000 emplois effectivement détruits entre le début de la crise et le premier trimestre 2013.

L'ampleur et la persistance de l'écart entre les comportements habituels d'emploi et ceux que l'on observe depuis 2008 ont soulevé un doute important concernant la croissance de la productivité de sortie de crise et posé la question d'un nouveau ralentissement structurel du rythme de productivité consécutif au bouleversement occasionné par cette crise.

Les dernières ruptures de tendance de productivité remontent aux années 1990 et 2000, avec des politiques d'allègement de cotisations et de réduction du temps de travail qui ont enrichi la croissance en emplois. La productivité du travail par tête a fortement ralenti au cours des années 1990 (2 % dans les années 1980, contre 1,4 % dans les années 1990 puis 0,9 % en 2010 [Ducoudré et Heyer, 2017]).

Le retour progressif de la croissance française, qui a atteint 2,0 % en moyenne sur 2017-2018, a permis de refermer le cycle de productivité en 2018 sans ralentissement de la productivité tendancielle, et les créations d'emplois salariés sont redevenues positives dans le secteur marchand en 2015. En 2019, le ralentissement de l'activité a toutefois creusé le cycle de productivité dans l'industrie et la construction. Ajoutée à cela la chute d'activité enregistrée au premier semestre 2020 et les mécanismes de chômage partiel déployés pour y faire face, la rétention de main-d'œuvre devrait atteindre des niveaux inconnus jusqu'alors. À l'avenir, seul un retour prolongé de la croissance supérieur à 1,1 %, suffisant pour absorber les gains de productivité (0,85 % par an) et la hausse de la population active (0,25 % par an), permettrait une baisse durable du chômage.

Une nouvelle phase de désindustrialisation ?

Les destructions d'emplois depuis 2008 ont principalement touché l'industrie et alimentent à nouveau le débat autour de la réalité de la désindustrialisation de la France. Qu'en est-il réellement ?

Tableau 1. **Emploi par branche entre 1980 et 2019**

En millions d'emplois, moyennes annuelles

	1980	2019	Évolution
Agriculture	1,9	0,7	– 1,1
Industrie	**5,1**	**2,9**	**– 2,2**
Construction	1,9	1,8	– 0,1
Services marchands	8,5	14,7	6,2
Dont Services aux entreprises	*1,6*	*4,5*	*2,9*
Services administrés	5,3	8,3	3,0
Ensemble	22,6	28,5	5,8

Source : Insee.

Ces destructions d'emplois industriels s'inscrivent dans un mouvement de transfert massif des emplois du secteur industriel vers celui des services au cours des trente dernières années (tableau 1). Mais la désindustrialisation se caractérise par une diminution simultanée de l'emploi industriel et de la contribution de l'industrie à la richesse produite sur le territoire. Or la part de l'industrie dans la valeur ajoutée en volume est restée stable avant la crise de 2008, autour de 15 % entre 1987 et 2007. Si l'on peut expliquer une partie de la baisse de l'emploi industriel sur la période par l'effet retardé de la précédente phase de désindustrialisation, d'autres explications viennent s'ajouter.

Lilas Demmou [2011] explique cette baisse de l'emploi industriel à la fois par un effet de revenu défavorable aux biens industriels, la concurrence étrangère renforcée par l'ouverture aux échanges internationaux et une réorganisation générale du système productif, avec un recours croissant à l'externalisation d'une partie des activités industrielles vers les secteurs des services. Selon Daudin et Levasseur [2005], après correction du recours à l'intérim et à l'externalisation, la baisse serait de 1,1 million d'emplois industriels de 1980 à 2002, soit environ 72 % des pertes d'emplois industriels globalement observées au cours de cette période. Demmou [2011] confirme ce diagnostic pour la période 1980-2007, mais note que le phénomène d'externalisation est en voie d'être achevé, puisque, sur la période 2000-2007, seules 5 % des destructions d'emplois peuvent lui être imputées alors que l'impact des gains de productivité réalisés jouerait un rôle croissant.

Le développement de la sous-traitance de services généraux par de nombreuses entreprises a engendré un changement de structure de l'emploi salarié par taille d'entreprise. La part de l'emploi salarié dans les grandes entreprises (plus de 500 salariés) a diminué de 18,0 % en 1978 à 10,8 % en 2010. En contrepartie, l'emploi des petites entreprises (moins de vingt salariés) a progressé de 30,3 % à 36,2 % pendant la même période.

Mais l'industrie a été particulièrement affectée par la crise amorcée en 2008, et sa part dans la valeur ajoutée a chuté à 13,4 % en 2019. 505 000 emplois salariés industriels ont ainsi été détruits entre le premier trimestre 2008 et le dernier trimestre 2019, y compris les emplois intérimaires dans l'industrie. De même que les crises pétrolières ont affecté l'industrie jusqu'au milieu des années 1980, c'est donc à une nouvelle phase de désindustrialisation que l'on assiste aujourd'hui.

Un marché du travail dual

Un marché du travail de plus en plus flexible

La France a connu une forte précarisation de l'emploi au cours des années 1990. Cette précarisation s'inscrit dans un marché du travail de plus en plus polarisé, avec, d'un côté, des salariés stables et, de l'autre, des salariés pris dans le cercle vicieux de la précarité, alternant contrats courts et périodes de chômage [Valette-Wursthen, 2013].

Tableau 2. **Emploi à temps partiel et emploi temporaire**

En %

	Emploi à temps partiel (en % de l'emploi total)		**Emploi temporaire**[1] (en % de l'emploi salarié)	
	1990	**2019**	**1990**	**2019**
France	11,8	17,5	10,4	16,3
Allemagne	14,9	27,2	10,3	12,0
Italie	4,7	18,7	5,2	17,1
Espagne	4,8	14,5	29,9	26,3
Royaume-Uni	20,8	24,4	5,0	5,1
Union européenne[2]	13,4	19,1	10,2	13,6

1. L'emploi temporaire comprend notamment les CDD, l'intérim et les contrats aidés.
2. L'Union européenne comprend 12 pays en 1990 et 28 pays en 2019.

Source : Eurostat.

Si les contraintes institutionnelles qui empêchent le renouvellement des CDD au-delà d'une durée globale de dix-huit mois (sauf cas particuliers) ont limité cette dérive, la part de l'emploi temporaire dans l'emploi total est passée de 10,4 % de l'emploi salarié en 1990 à 16,3 % en 2019 (tableau 2). Cette montée en puissance de l'emploi temporaire se retrouve dans les autres pays de l'Union européenne : sa part dans l'emploi salarié a atteint en moyenne 13,6 % en 2019. Le CDD y fonctionne pour certains comme un sas vers l'emploi stable : selon Givord et Wilner [2009], un salarié en CDD a ainsi 3,2 fois plus de chances qu'un chômeur, à caractéristiques équivalentes, d'accéder à un CDI un trimestre plus tard. L'emploi à temps partiel a également connu une nette progression en France et en Europe (de 5,7 points) au cours de la même période.

Tableau 3. **Indicateurs de flexibilité**

	DMA[1]	Taux de rotation, **OCDE 2003**, en %	Ancienneté **OCDE 2018**, en années
France	3,7	24,5	11,0
Allemagne	5,4	16,5	10,5
Italie	5,1		12,2
Espagne	2,8		10,0
Royaume-Uni	4,3	15,3	8,1

1. Délai moyen d'ajustement en trimestres, voir Ducoudré et Heyer [2017].

Source : OCDE, calculs de l'auteur.

Le plus fort recours aux contrats temporaires, conjugué à l'annualisation du temps de travail à la suite des accords sur les 35 heures (qui ont concerné 65 % des salariés dans les entreprises de plus de dix salariés), a rendu le marché du travail plus flexible : les entreprises peuvent s'ajuster plus rapidement à la conjoncture. Cela s'est traduit par un ajustement rapide de l'emploi au début de la crise de 2008, en témoigne la baisse conséquente de la part de l'emploi temporaire en 2009 (– 0,6 point). Cette précarisation du marché du travail se traduit en outre par le raccourcissement de la durée de ces contrats temporaires : la part des CDD de moins d'un mois dans le total des intentions d'embauche recensées par l'ACOSS est en effet passée de 48,2 % à 70 % entre 2000 et 2014, pour baisser ensuite à 66,8 % début 2020. D'après Coquet et Heyer [2018], ces évolutions tendancielles s'expliquent en partie par les modifications de la réglementation et les mesures de baisse du coût du travail, qui favorisent le recours à ce type de contrat.

Le tableau 3 illustre cette réactivité : le taux de rotation de la main-d'œuvre est élevé en France et touche en premier lieu les salariés de faible ancienneté. L'estimation de délais moyens d'ajustement (DMA) de l'emploi à l'activité montre que l'emploi s'ajuste en quatre trimestres en moyenne en France. La vitesse d'ajustement dans l'Hexagone est donc comparable à celle du Royaume-Uni, tandis que l'Allemagne et l'Italie ont un marché du travail moins réactif.

Évolution de la législation vers plus de flexibilité

Depuis le milieu des années 1980, des réformes successives du marché du travail ont rendu le marché du travail français plus flexible. Parmi les plus récentes, citons l'Accord national interprofessionnel (ANI), signé par les partenaires sociaux le 11 janvier 2013, et la loi Travail (ou loi El Khomri), publiée en août 2016.

Les ordonnances Macron – publiées le 23 septembre 2017 et ratifiées le 31 mars 2018 – intègrent des modifications substantielles en matière de droit du travail et de représentativité des salariés et de négociation collective.

Elles introduisent des dispositions nouvelles sur les CDD et les contrats de mission intérimaires : un accord de branche étendu peut désormais modifier les règles relatives à la durée maximale, le renouvellement et la période de carence à respecter lorsque l'employeur a recours au CDD.

Concernant le licenciement, la durée minimale d'ancienneté pour bénéficier de l'indemnité légale de licenciement est abaissée. Afin de sécuriser les effets de la rupture du contrat de travail, des barèmes référentiels obligatoires d'indemnisation des licenciements sans cause réelle et sérieuse sont mis en place. Ces mesures visent notamment à limiter pour les entreprises les coûts juridiques de licenciement, en cas de contentieux aux prud'hommes. Selon les comparaisons internationales menées par l'OCDE [2004], de moindres coûts de licenciement n'auraient pas d'impact significatif sur le niveau global du chômage, mais permettraient de réduire le chômage des jeunes et le chômage de longue durée.

En matière de négociation collective, l'accord d'entreprise prime désormais sur l'accord de branche dans de nombreux domaines (ex : montant d'une prime de vacances d'origine conventionnelle). Mais la négociation reste encore de la compétence exclusive de la branche pour certains sujets : salaires *minima* hiérarchiques ; égalité professionnelle entre les femmes et les hommes ; conditions de recours au CDI de chantier ou d'opération ; durée minimale du temps partiel, taux de majoration des heures complémentaires et supplémentaires; conditions et durée de renouvellement de la période d'essai…

Concernant la pénibilité au travail, le compte personnel de prévention de la pénibilité est rebaptisé compte professionnel de prévention. Parmi les facteurs de risques pris en compte, quatre ne le sont plus pour l'acquisition de points et les cotisations pénibilité sont supprimées.

Le comité social et économique (CSE) se substitue aux délégués du personnel (DP), au comité d'entreprise (CE), au comité d'hygiène, de sécurité et des conditions de travail (CHSCT) et le cas échéant à la délégation unique du personnel (DUP). Ses attributions sont différentes selon l'effectif de l'entreprise à l'image de ce qui existait jusqu'à présent pour les entreprises pourvues de DP ou d'un CE.

Portrait des chômeurs français

Évolution du chômage depuis trente ans

Le chômage s'est massivement développé au cours des années 1970 et s'est maintenu au-delà de la barre des 1,5 million depuis 1984 (graphique 2). Cela n'a pas empêché des baisses temporaires sur les périodes 1987-1990, 1998-2001, 2006-2007 et 2015-2019, qui ont coïncidé avec des périodes de reprise de l'activité.

Ces chiffres donnent cependant une vision très partielle du manque d'emploi dans l'économie française, qui comprend également les travailleurs à temps partiel subi, les chômeurs découragés, les chômeurs âgés dispensés de recherche d'emploi... Ce « halo » du chômage comprendrait ainsi 3,2 millions de personnes au quatrième trimestre 2019.

Les 2,3 millions de chômeurs français au sens du BIT ont-ils des caractéristiques (sexe, âge) et des situations (durée du chômage) comparables à celles des autres chômeurs européens ? D'abord, le chômage français est aussi féminin qu'ailleurs en Europe (47,8 % contre 47,6 %, tableau 4). Ensuite, la proportion de chômeurs de longue durée est similaire en France et en Europe (45,0 % contre 44,9 %), du fait de la forte hausse du chômage de longue durée dans certains pays en difficulté.

Le chômage des non-qualifiés

Les non-qualifiés, définis ici comme les personnes ayant le moins de diplômes, sont particulièrement touchés par le chômage. En 2019, ils connaissaient un taux de chômage de 15,8 % (tableau 4). Pour impulser l'emploi des non-qualifiés, les gouvernements successifs mènent depuis 1993 une politique d'exonération de cotisations sociales sur les bas salaires, qui a représenté 58 milliards d'euros en 2019. Cette politique repose sur la thèse selon laquelle le coût du travail, déterminé par le niveau du SMIC et des cotisations sociales, pèserait sur la demande de travail des non-qualifiés. Le SMIC ayant pour vocation de protéger les salaires des non-qualifiés, le coût du travail a été abaissé par des franchises de cotisations en bas de l'échelle des salaires (voir encadré ci-après). Début 2020, les cotisations sociales des employeurs représentent 7,2 % du salaire brut au niveau du SMIC et 39,25 % à partir de 2,5 SMIC. D'après l'OCDE [2019],

Tableau 4. **Principales caractéristiques du chômage en 2019**

En %, moyenne annuelle

	FRA	ALL	ITA	ESP	GBR	UE 28
Taux de chômage pour	**8,5**	**3,2**	**10,2**	**14,2**	**3,8**	**6,4**
– les femmes	8,4	2,8	11,3	16,1	3,6	6,7
– les jeunes	19,6	5,8	29,2	32,5	11,2	14,4
– les peu diplômés	15,8	8,1	14,1	20,5	6,8	12,8
Chômage (en millions),	**2,5**	**1,4**	**2,6**	**3,2**	**1,2**	**15,5**
dont parts (en %) **du chômage**						
– féminin	48,1	40,3	47,9	53,0	44,8	48,2
– de longue durée	40,0	37,8	55,9	37,8	24,8	40,2
– des jeunes	22,3	18,3	17,4	15,5	37,2	20,7

Légende : les taux de chômage sont les taux harmonisés pour les personnes de 15 à 64 ans et non ceux du BIT couramment utilisés, ce qui explique la différence entre les chiffres d'Eurostat et ceux de l'Insee. Le chômage de longue durée concerne les demandeurs d'emploi depuis plus d'un an. Les jeunes ont entre 15 et 24 ans. Les peu diplômés ont un niveau inférieur au deuxième cycle de l'enseignement secondaire, c'est-à-dire au plus le BEPC dans le cas français.

Source : Eurostat, enquête Forces de travail.

le coût du travail au niveau des bas salaires représentait 47 % du coût du travail au niveau du salaire médian en 2019 ; ce ratio a ainsi été ramené à celui observé en Allemagne ; et la part de l'emploi non qualifié dans l'emploi total, qui était en chute au cours des années 1980, s'est redressée depuis.

Selon la Dares, cette politique aurait créé environ 170 000 emplois entre 1994 et 1999. Entre 1998 à 2002, des allègements supplémentaires ont accompagné les 35 heures. De nombreuses évaluations mesurent l'impact de cette politique globale entre 400 000 et 800 000 emplois.

Heyer et Plane [2012] chiffrent, dans le meilleur des cas, à 500 000 le nombre d'emplois créés par le dispositif Fillon. Selon Ducoudré *et al.* [2016], le Pacte et le CICE permettraient, après prise en compte des effets du financement, de créer ou sauvegarder autour de 290 000 emplois à l'horizon 2018, avec une fourchette allant de 190 000 à près de 420 000 selon la position dans le cycle et l'élasticité de substitution capital/travail. Les résultats d'évaluations *ex post* sur données micréconomiques conduites par France Stratégie [2018] pour le Comité de suivi du CICE indiquent des effets sur l'emploi compris entre 0 et

Encadré 1. Les politiques de l'emploi

Les différentes mesures d'allègement de cotisations en France

La période 1993-1999 a vu en France la succession de plusieurs mesures d'allègement du coût du travail. En 1993, les cotisations familiales employeurs ont fait l'objet d'une exonération totale pour les salaires inférieurs à 1,1 SMIC et de moitié pour les salaires inférieurs à 1,2 SMIC. Cette disposition a ensuite été intégrée dans un dispositif de réduction dégressive de toutes les cotisations de Sécurité sociale pour les bas niveaux de salaire. La « ristourne », introduite en octobre 1996, prévoit un allègement de charges dégressif. Cet allègement est maximal (18,2 %) au niveau du SMIC et nul pour les salaires dépassant 1,33 SMIC. Les seuils d'exonération étant définis en termes de salaires mensuels, la mesure constituait un encouragement à l'emploi à temps partiel pour une plage assez large de niveau de salaire horaire.

La politique sur la durée du travail

À partir de juin 1996, la loi Robien renforce de manière très significative les incitations à la réduction collective de la durée du travail en accordant un allègement de 40 % des charges sociales la première année, puis 30 % les six années suivantes, aux entreprises qui réduisent de 10 % la durée du travail soit en embauchant 10 % de salariés en plus, soit en évitant de licencier. La première loi Aubry, votée en juin 1998, annonce la baisse de la durée légale le 1er janvier 2000 et définit les incitations accordées aux entreprises qui, avant cette échéance, réduisent de 10 % leur durée de travail et embauchent 6 % de salariés en plus. Ces aides sont forfaitaires et dégressives dans le temps (1 374 euros la première année pour chaque salarié) et étaient prévues pour sept années. Cette loi incite à des négociations de réduction du temps de travail collectif sans baisse des salaires. Le 19 janvier 2000, la loi « Aubry II » est instaurée pour l'ensemble des entreprises passées aux « 35 heures » par accord négocié comprenant certaines clauses et un nouvel allègement pérenne sur les bas salaires se substituant à la réduction unique dégressive sur les bas salaires et comprenant une partie forfaitaire et une partie dégressive jusqu'à 1,7 SMIC.

Adopté par le Parlement le 18 décembre 2002, le projet de loi Fillon assouplit les lois Aubry sur les 35 heures en augmentant le contingent d'heures supplémentaires (de 130 à 180 heures par an) et n'incite plus les entreprises à réduire le temps de travail. Elle met en place une réduction des cotisations patronales accessible à tous les employeurs, à l'exception de l'État et des collectivités locales, sans conditions de durée du temps de travail. Cette nouvelle réduction est calculée en fonction de la rémunération horaire. Elle remplace les allègements « Aubry II » ainsi que la réduction dégressive de cotisations sur les bas salaires. La réforme de décembre 2006 a enfin porté le taux d'exonération au niveau du SMIC à 28 % pour les entreprises de moins de vingt salariés.

À rebours des lois visant à abaisser le temps de travail, la loi TEPA, mise en place en octobre 2007, comprend un volet de défiscalisation des heures supplémentaires (HS). Le dispositif d'exonérations de charges sur les heures supplémentaires vise, en incitant à augmenter la durée du temps de travail, à accroître le pouvoir d'achat des salariés. Cette mesure introduit une réduction forfaitaire des charges patronales de 1,5 euro par HS effectuée et propose l'alignement des HS sur le taux minimal de 25 %. Pour les salariés à temps complet, cette mesure propose un aménagement de l'« allègement Fillon », de façon à neutraliser l'effet des HS sur le taux d'exonération. Pour ce faire, le nombre de HS, entrant dans le calcul du salaire horaire, est pris en compte en incluant le taux de majoration qui leur est appliqué. Ce dispositif est supprimé en septembre 2013, la hausse du temps de travail pesant sur l'emploi en période de basse conjoncture. La désocialisation (baisse des cotisations sociales salariales) et la défiscalisation des heures supplémentaires ont été réintroduites en 2019, comme mesures visant à favoriser le pouvoir d'achat.

La dégressivité des allègements engendrerait par ailleurs des effets pervers en termes de trappe à bas salaire, c'est-à-dire de désincitation à augmenter les salaires des personnes employées au SMIC ou légèrement au-dessus (voir chapitre 2).

Le CICE et le Pacte de responsabilité

Le crédit d'impôt pour la compétitivité et l'emploi (CICE), voté en décembre 2012 dans le but de restaurer la compétitivité des entreprises, a été renforcé en avril 2014 par l'annonce de nouvelles exonérations de cotisations sociales dans le cadre du Pacte de responsabilité. Ouvert à toutes les entreprises, le CICE est égal depuis 2014 à 6 % de la masse salariale (4 % en 2013), hors cotisations patronales, correspondant aux salaires de moins de 2,5 SMIC. Le dispositif correspond donc à un abaissement du coût du travail pour les bas salaires, dont la dégressivité n'est pas progressive, à la différence des abaissements de charges. Aux 20 Mds d'euros correspondant au CICE ont été ajoutés 10 Mds d'exonérations de cotisations sociales supplémentaires qui prennent effet progressivement à partir de 2015 (4,5 Mds sur les bas salaires et 1 Md pour les indépendants et artisans en 2015, 4,5 Mds sur les salaires compris entre 1,6 et 3,5 SMIC en 2016). Le 1er janvier 2019, le CICE a été remplacé par un allègement supplémentaire des cotisations sociales patronales de 6 % jusqu'à 2,5 SMIC. Un renforcement des allègements allant jusqu'à 4 points d'allègements supplémentaires au niveau du SMIC a pris effet au dernier trimestre 2019.

255 000 emplois créés ou sauvegardés en moyenne sur la période 2013-2015. Enfin, la transformation du CICE en baisses de cotisations sociales employeurs au 1er janvier 2019 se traduirait par des effets positifs sur l'emploi : + 40 000 à 50 000 emplois à l'horizon 2023 selon Ducoudré et Heyer [2018].

Le retour des seniors sur le marché du travail

En 2019, le taux d'activité des seniors (56,9 % pour les 55-64 ans) reste faible, à la fois en comparaison avec d'autres tranches d'âge (87,4 % pour les 25-54 ans) et avec la moyenne européenne (63,0 %). Ce retard s'explique par le faible taux d'activité des plus de 60 ans, tandis que la situation des 55-59 ans se situe dans la moyenne européenne. En raison principalement d'un âge légal de départ à la retraite relativement jeune (60 à 62 ans dans le privé), l'âge moyen

Tableau 5. **Chômage des jeunes en Europe en 2019**

En %

	Taux de chômage		Part du chômage	
	15-24 ans	**15-64 ans**	**15-24 ans**	**15-64 ans**
France	19,6	8,5	7,2	6,1
Allemagne	5,8	3,2	3,0	2,5
Italie	29,2	10,2	7,6	6,7
Espagne	32,5	14,2	10,7	10,5
Royaume-Uni	11,2	3,8	6,3	3,0
UE 28	14,4	6,4	6,0	4,8

Légende : le taux de chômage rapporte le nombre de chômeurs d'une classe d'âge (de 15 à 24 ans ou de 15 à 64 ans) à la population active associée. La part du chômage rapporte le nombre de chômeurs aux effectifs globaux de la classe d'âge.

Source : Eurostat, enquête Forces de travail.

de retrait du marché du travail est plus faible en France (60,8 ans pour les hommes et pour les femmes, en 2018 d'après l'OCDE) que pour la moyenne européenne (64 ans pour les hommes et 62,3 ans pour les femmes). Ce qui se combine avec la situation dégradée du marché du travail et avec le comportement des entreprises qui privilégient les salariés jeunes.

En conséquence, le chômage des seniors est très proche de la moyenne (6,8 % en 2019, pour les 55-64 ans), mais il signifie un retrait plus probablement définitif du marché du travail : l'ancienneté moyenne du chômage est plus longue (vingt-cinq mois pour les 50 ans et plus, contre treize mois et demi pour les 15-49 ans, en 2017) et les chances de retour à l'emploi plus faibles. Selon France Stratégie, seuls 12,9 % des 50-64 ans se déclarant au chômage au deuxième trimestre 2016 avaient retrouvé un emploi un an après (contre 21,1 % des 25-49 ans).

Pour autant, ce retard français s'est réduit depuis 2007. Les taux d'activité et d'emploi des seniors ont en effet été considérablement affaiblis par les dispositifs de préretraite qui ont permis de gérer les mutations industrielles dans les années 1980, relayés ensuite par les dispenses de recherche d'emploi (DRE). Mais, depuis le début des années 2000, de nombreuses mesures ont été adoptées pour maintenir les seniors en activité.

En instaurant une surcote pour les années cotisées au-delà de 60 ans et de quarante-deux ans de cotisations, la réforme de 2003 du système de retraite a renforcé les incitations au report du départ en retraite. La contribution Delalande, qui taxait les licenciements des personnes de plus de 50 ans et pouvait en conséquence décourager le recrutement des personnes de cette catégorie, a quant à elle été supprimée le 1er janvier 2008. Les préretraites publiques et les DRE ont été supprimées. Enfin, la réforme des retraites de 2010 a instauré le recul progressif de l'âge légal de départ à la retraite à 62 ans en 2017, et a commencé à jouer sur l'activité des seniors dès 2011. Parallèlement, l'accord interprofessionnel du 13 octobre 2005 a été suivi par l'élaboration d'un plan national d'action concertée pour l'emploi des seniors. Les exemples de la Finlande et de la Suède montrent l'importance d'une mobilisation au niveau des entreprises, les partenaires sociaux fixant ensemble une stratégie d'aménagement des carrières, des conditions de travail et de formation [Cornilleau *et al.*, 2007].

Le taux d'activité des 55-64 ans a donc connu une progression conséquente (+ 17 points entre 2007 et 2019, dont + 14,9 points d'emploi), qui tranche avec les politiques de réduction de la population active pratiquées jusqu'alors.

Les jeunes actifs, premières victimes du chômage

Parmi les jeunes actifs, le taux de chômage est très élevé : il atteignait 19,6 % pour les moins de 25 ans en 2019, contre 8,5 % toutes classes d'âge confondues (tableau 5), soit 11,1 points d'écart. Mais le haut niveau du taux de chômage des jeunes ne signifie pas que les jeunes chômeurs soient particulièrement nombreux en France. En effet, la plus longue durée des études françaises ne laisse qu'un tiers des jeunes sur le marché du travail, si bien que la part des jeunes au chômage s'élève à 7,2 %, ce qui est plus proche de la moyenne européenne qui est de 6,0 %. Selon Brunet [2004], même si les jeunes Français travaillent moins parallèlement à leurs études, leur processus d'insertion se révèle assez proche, après leur formation initiale, de celui des jeunes Européens.

Cet écart de taux de chômage de 11,1 points s'explique presque pour moitié par la recherche du premier emploi qui a lieu en moyenne à 21 ans. Selon l'enquête Génération 2013 du CEREQ, pour les 23 000 jeunes interrogés sortis de formation initiale en 2013, la part de chômage était, au bout de trois ans de vie active, de 17 %, alors que la part de chômage des jeunes dans leur ensemble était de 9,0 %. Mais, selon Batard et Saillard [2011], ces difficultés d'insertion dans l'emploi relèvent de la forte exposition au chômage des entrants sur le marché du travail, et sont très proches de celles de leurs aînés chômeurs.

Le reste de l'écart s'explique par le processus d'insertion par lequel passent les jeunes. L'emploi d'un jeune s'interrompt en moyenne une fois sur trois au cours d'une année, contre environ une fois sur dix pour la population dans son ensemble [Cordellier, 2006]. Ils peinent en effet à décrocher un emploi en CDI : seul un quart de la génération 2013 y accède directement, et leur situation s'est fortement dégradée en comparaison de celle de la génération 1998 [Joutard, 2020]. De plus, l'accès au CDI ne marque pas la fin du parcours d'insertion : 35 % des jeunes de la génération 2004 qui y accèdent le quittent ensuite au cours de leurs trois premières années de vie active. Étant globalement moins insérés dans l'emploi, les jeunes sont les premiers touchés en cas de dégradation de la conjoncture. Leur situation s'est particulièrement détériorée lors de la crise de 2008. Ainsi, le taux d'emploi des jeunes a baissé de 1,8 point entre fin 2007 et fin 2019, alors qu'il a progressé de 1,8 point pour l'ensemble de la population.

Repères bibliographiques

BATARD P.-É. et SAILLARD E., « Le chômage des jeunes dans l'emploi, quel diagnostic ? », *Trésor-Éco*, n° 92, 2011.

BRUNET F., « En 2002, l'insertion des jeunes dans l'emploi se fait plus ou moins lentement selon les pays européens », *Document d'études*, n° 84, Dares, 2004.

CANCE R. et FRECHOU H., « Les contrats courts : source d'instabilité, mais aussi tremplin vers l'emploi permanent », *Premières Informations et Premières Synthèses*, n° 14.1, Dares, 2003.

COQUET B. et HEYER É., « Pour une régulation économique des contrats courts sans contraindre les entreprises, en préservant l'assurance chômage », *Rapport de l'OFCE pour le Sénat*, 2018.

CORDELLIER C., « De 1977 à 2002, l'emploi des jeunes est de plus en plus découpé par des interruptions », *Insee Première*, n° 1104, 2006.

CORNILLEAU G. *et al.*, « Étude comparative sur les pays européens ayant un taux d'emploi des seniors élevé », *Rapport de l'OFCE pour le COR*, 2007.

DAUDIN G. et LEVASSEUR S., « Délocalisations, concurrence des pays émergents et emploi en France », *Revue de l'OFCE*, n° 94, 2005.

DEMMOU L., « Le recul de l'emploi industriel en France entre 1980 et 2007. Ampleur et principaux déterminants : un état des lieux », *Économie et Statistique*, n° 438-440, 2011.

DUCOUDRÉ B. et HEYER É., « Quel nouveau sentier de croissance de la productivité du travail ? », *Revue de l'OFCE*, n° 152, 2017.

DUCOUDRÉ B. et HEYER É., « Transformation du CICE, des effets faibles attendus sur l'emploi, nuls sur l'activité économique », *Policy Brief de l'OFCE*, n° 40, octobre 2018.

Ducoudré B., Heyer É. et Plane M., « CICE et Pacte de responsabilité. Une évaluation selon la position dans le cycle », *Revue de l'OFCE*, n° 146, 2016.

France Stratégie, *Rapport pour le Comité de suivi du crédit d'impôt pour la compétitivité et l'emploi*, octobre 2018.

Givord P. et Wilner L., « Les contrats temporaires : trappe ou marchepied vers l'emploi stable ? », *Document de travail*, n° 4, Insee, 2009.

Heyer É. et Plane M., « Impact des allègements de cotisations patronales des bas salaires sur l'emploi », *Revue de l'OFCE*, n° 126, 2012.

Joutard X., « Entrée des jeunes dans la vie active : quelles évolutions de leurs trajectoires professionnelles ces vingt dernières années ? », Blog de l'OFCE, 5 février 2020.

OCDE, *Perspectives de l'emploi*, 2004.

OCDE, « Améliorer les performances du marché du travail en France : mise en œuvre de la Stratégie pour l'emploi de l'OCDE », *OECD Economic Department Working Papers*, n° 1559, 2019.

Valette-Wursthen A., « La segmentation des marchés du travail dans les pays avancés : état des lieux, évolutions », *Problèmes économiques*, hors-série n° 3, « Comprendre le marché du travail », février 2013.

4. Le tissu productif en France

Hervé Péléraux et Mathieu Plane

Au fil du temps, la structure productive de la France s'est transformée, l'industrie lourde traditionnelle héritée des Trente Glorieuses laissant progressivement la place aux industries de plus haute technologie et aux services. Les mutations se sont accélérées avec les deux chocs pétroliers et se sont accompagnées de vagues de privatisations majeures qui ont favorisé l'insertion des grandes entreprises dans le capitalisme mondial. Ces ajustements ont été douloureux, avec la disparition de pans entiers de l'industrie, des délocalisations d'établissements et l'amputation de bassins d'emplois. Mais la France a aussi tiré bénéfice de la mondialisation. L'attractivité de son territoire, au centre de l'Europe, repose sur des infrastructures de qualité ainsi que sur un haut niveau de productivité et de qualification de sa main-d'œuvre, ce qui lui permet de rester une destination prisée des investisseurs internationaux. Cependant, au cours des années 2000, d'abord sous la pression de l'amélioration de la compétitivité allemande, puis des politiques de désinflation compétitive menées dans de nombreux pays de la zone euro, d'un euro fort et d'une concurrence accrue des pays émergents, la France a perdu des parts de marché et a vu son excédent commercial se transformer en déficit. Au tournant de 2010, les parts de marché de la France ont stoppé leur chute mais ne marquent pas de nette amélioration depuis malgré, à partir de 2014, la dépréciation de l'euro, des politiques fiscales de soutien aux entreprises (CICE, Pacte de responsabilité...), la mise en place de réformes structurelles, notamment sur le marché du travail, et une forte reprise de l'investissement. En effet, depuis 2015, le taux d'investissement des entreprises s'est nettement redressé en France sous l'effet de l'amélioration des perspectives d'activité, de la hausse de leurs taux de marge et des conditions de financement favorables et atteint désormais un niveau supérieur au pic de début 2008, avant la crise financière. Cette augmentation est tirée par les investissements en services, en particulier les logiciels, les bases de données et la R&D. Or l'investissement est l'un des ressorts de la modernisation de l'appareil productif qui, d'un côté, accroît les capacités de production et, de l'autre, véhicule le progrès technique.

La mutation industrielle du système productif

La crise mondiale qui s'est ouverte au moment du premier choc pétrolier a affecté la France, et particulièrement son industrie. Pour la première fois depuis la Seconde Guerre mondiale, elle a connu une crise de grande ampleur qui a modifié en profondeur son système productif. Le tournant a été brutal : alors que la valeur ajoutée industrielle progressait à un rythme moyen de plus de 6 % entre 1950 et 1974, celle-ci a reculé de près de 3 % en 1975. Cette crise a été suivie d'un rattrapage en 1976 et 1977, mais l'élan était brisé.

La mutation industrielle s'est accélérée au cours des années 1980 après le deuxième choc pétrolier. La hausse du prix du pétrole, couplée à la montée du dollar et à l'indexation des salaires sur les prix, a fortement accru les coûts de production dans l'industrie et a profondément détérioré les marges des entreprises, alors que, dans le même temps, la concurrence des pays émergents s'est intensifiée. Des secteurs entiers de l'industrie française, ne pouvant s'aligner sur les prix des pays à bas coût de production, ont été touchés : un grand nombre d'usines ont disparu, notamment dans les secteurs de la sidérurgie et du textile, ou ont connu des restructurations profondes, dans l'automobile par exemple.

Depuis le début des années 1980, la valeur ajoutée de l'industrie croît à un rythme moyen de 1,3 % par an, bien moins vite que celle des services marchands sur la même période (2,4 %). Entre 1980 et 2019, la part de l'industrie dans la valeur ajoutée marchande a diminué de 12,2 points, atteignant 17,3 % en 2019. Dans le même temps, l'industrie a détruit près de 2,2 millions d'emplois, réduisant ses effectifs de 43 %. La part de l'emploi industriel dans l'emploi marchand est passée de près de 29,2 %

en 1980 à 14,4 % en 2019[1]. Outre les pertes entraînées par les délocalisations dans les pays à faible coût de main-d'œuvre et par les gains de productivité, une partie des emplois de l'industrie (liés aux activités juridiques ou financières, à l'informatique, à la publicité, à l'entretien, à la sécurité) ont été externalisés vers le secteur des services aux entreprises[2]. Étant moins soumis à la concurrence internationale et à la hausse des prix du pétrole, les services ont pris le pas sur l'industrie, profitant de plus de l'accroissement tendanciel de la part de la consommation de services dans la consommation des ménages, phénomène commun à tous les pays qui ont des niveaux de vie élevés.

La part de la valeur ajoutée des services marchands dans la valeur ajoutée marchande est passée de 56,3 % en 1980 à 73 % en 2019. La branche qui profite le plus de cette expansion en termes d'emplois est celle des services aux entreprises. En effet, les « activités scientifiques et techniques, services administratifs et de soutien » ont créé 3 millions d'emplois de 1980 à 2019, soit une hausse de près de 200 % et les « activités informatiques et services d'information » ont aussi connu une très forte progression des embauches sur la même période, avec une hausse de plus de 300 % du nombre d'emplois.

La récession qui s'est enclenchée en 2008 a particulièrement touché l'industrie, très exposée aux fluctuations du commerce mondial. Elle a connu sa pire chute d'activité depuis la Seconde Guerre mondiale, perdant près de 10 % de sa valeur ajoutée durant la récession. Malgré un rebond en 2010 et en 2011, la valeur ajoutée industrielle était fin 2019 encore 1,8 % en dessous de son niveau d'avant crise de la mi-2007 alors que le PIB lui était supérieur de près de 12 %. La crise de la Covid-19 va laisser des traces profondes sur le tissu productif : l'industrie a perdu un tiers de son activité pendant le confinement, dont plus de 80 % pour l'industrie des matériels de transport, et dans les services, les activités liées au tourisme et à l'hébergement-restauration ont perdu de l'ordre de 90 %. De par sa spécialisation sectorielle, la France est très exposée à la crise actuelle avec probablement des pertes irréversibles à attendre. En revanche, un mouvement de relocalisation d'activités pourrait être bénéfique à l'industrie hexagonale.

1 Ce chiffre ne comprend pas les 290 600 intérimaires (sur les 791 900 recensés dans l'économie française) travaillant dans l'industrie en 2019 (soit 10 % de l'emploi industriel), ceux-ci étant comptabilisés dans les services marchands.

2 Pour plus de détails, voir chapitre 3.

Par ailleurs, les salariés du secteur privé travaillent aujourd'hui dans des entreprises plus grandes qu'il y a vingt ans : 33 % sont employés par une entreprise de plus de 1 000 salariés (contre 27 % en 1985), car, au fil du temps, les entreprises ont grandi en absorbant de plus en plus d'établissements [Cottet, 2010]. Cette évolution s'est faite au détriment des entreprises de taille moyenne car les petites entreprises concentrent toujours autant de salariés qu'il y a vingt ans (30 % travaillent dans des entreprises de moins de vingt salariés). La tertiarisation de l'économie a permis de maintenir une part importante de l'emploi au sein de petites structures, notamment dans le commerce non alimentaire, malgré la tendance générale à la concentration dans tous les secteurs de l'économie.

Les nationalisations et privatisations

Entre 1946 et 1981, le secteur public s'est développé *via* la création d'entreprises publiques dans des secteurs jugés stratégiques par l'État, comme l'énergie et les transports. À partir de 1981, la gauche a mis en place un programme important de nationalisations, principalement dans la sidérurgie, l'armement, la chimie et la banque. En 1986, après le retour au pouvoir de la droite, un changement va s'opérer avec l'ouverture du capital d'un grand nombre d'entreprises publiques. Au total, ce sont vingt-neuf entreprises du secteur concurrentiel et 400 000 salariés qui ont quitté le champ du secteur public.

Les privatisations continuent avec le gouvernement Balladur en 1993. Cette orientation est maintenue en 1995 après l'élection de Jacques Chirac. En 2017, les entreprises du secteur public employaient 767 000 salariés, chiffre relativement stable depuis dix ans, soit 4,9 % de l'effectif salarié marchand, contre près de 20 % en 1985. Les effectifs des entreprises publiques restent très concentrés dans les principales entités (La Poste, SNCF, EDF, RATP et Aéroports de Paris) et leurs filiales, soit plus de 85 % des effectifs contrôlés par l'État.

En novembre 2019, l'entrée en Bourse de la Française des jeux a été la première grande privatisation du quinquennat d'Emmanuel Macron. Elle a rapporté 1,8 milliards à l'État et a été rendue possible par la loi Pacte. Cette dernière concerne aussi le Groupe ADP (ex-Aéroports de Paris) mais la privatisation a été reportée en raison de la crise de la Covid-19.

Avec la crise financière, l'État est revenu en force dans le capital des sociétés, principalement pour éviter l'insolvabilité du système bancaire, mais aussi pour sauver les entreprises des secteurs dits « stratégiques ». La société de prise de participation de l'État, créée en octobre 2008, a lancé un plan de recapitalisation de près de 21 milliards pour les banques françaises, qui ont été remboursés par ces dernières. Par ailleurs, un fonds stratégique d'investissement (FSI) a été créé pour répondre aux besoins en fonds propres des entreprises porteuses pour l'économie française. Le gouvernement Ayrault a créé une Banque publique d'investissement (BPI), regroupant l'ensemble des instruments existants (FSI, CDC Entreprises, Oséo...). Avec la crise de la Covid-19, pour éviter l'effondrement de l'économie, l'État intervient pour faciliter le refinancement des entreprises, que ce soit à travers d'un dispositif de garantie pour les prêts aux entreprises (à hauteur de 90 % dans la limite de 315 milliards d'euros) ou d'un outil doté de 20 milliards pour intervenir directement dans les entreprises en difficulté.

La compétitivité et l'attractivité de la France

Mesurer la compétitivité et l'attractivité d'un pays n'est pas chose facile. Les résultats sont très différents d'une étude à l'autre. Pour ne citer que les études les plus médiatisées, mais controversées et contradictoires dans les résultats, la France était classée 32e (perdant une place par rapport à 2019) dans le *World Competitiveness Ranking* de l'Institut international de management de Lausanne en 2020 (les premiers pays étant Singapour, le Danemark et la Suisse) et au 15e rang mondial (gagnant deux places) d'après le *Global Competitiveness Report* du Forum économique mondial de Davos pour 2019 (les premier pays étant Singapour, les États-Unis et Hong-Kong SAR). Et, selon le cabinet AT Kearney, la France est rentrée pour la première fois en 2019 dans le top 5 des pays les plus attractif, devant la Chine et le Japon, le premier étant les États-Unis. Enfin, selon le baromètre 2020 de l'attractivité d'Ernst & Young, la France est arrivée en tête des pays européens pour les implantations et devance pour la première fois le Royaume-Uni et l'Allemagne. La France serait également première en Europe pour les projets industriels et pour l'implantation de centres de R&D. Dans la plupart des études, les notions de compétitivité et d'attractivité sont mélangées. Il est cependant nécessaire de les distinguer. La compétitivité d'un pays est la capacité du secteur productif à répondre à la demande intérieure et étrangère tout en offrant aux résidents un niveau de vie qui s'élève et puisse être préservé à long terme. L'appréciation de la compétitivité d'un pays fait appel à deux approches complémentaires [Debonneuil et Fontagné, 2003] : les indicateurs de performance, d'un côté, et leurs déterminants, de l'autre.

La première approche axée sur les résultats est une approche *ex post* de la compétitivité. L'indicateur le plus pertinent est les parts de marché des exportations dans le commerce mondial et le PIB par tête en parité de pouvoir d'achat. La seconde approche (compétitivité *ex ante*), qui s'intéresse aux déterminants internes de la croissance, regroupe des éléments touchant à l'attractivité (que l'on développera ci-après).

Entre 1990 et 2001, la France a amélioré sa compétitivité-prix, malgré une évolution tendancielle du taux de change défavorable, et figurait parmi les pays qui, par la désinflation et la modération salariale, avaient réduit leurs coûts salariaux unitaires. En maîtrisant mieux ses coûts salariaux que l'Allemagne ou les pays anglo-saxons, la France avait amélioré ses parts de marché dans le commerce mondial (graphique 1).

Depuis 2001, la France a connu une lourde chute de ses parts de marché pour plusieurs raisons. D'abord, la perte de compétitivité-prix des exportations françaises consécutive à l'appréciation du taux de change effectif réel de la France (valeur réelle par rapport à un panier de monnaies). Ensuite, l'engagement d'une politique de réduction des coûts de production par l'Allemagne. Cette politique menée depuis 2003, fondée sur la modération salariale et la délocalisation des segments les moins productifs de sa chaîne de production, lui a permis de gagner des parts de marché dans la zone euro au détriment de ses partenaires dont la France. À cela s'ajoute, depuis la crise, les politiques de désinflation salariale menées dans les pays du sud de la zone euro qui ont pesé sur la compétitivité de le France. Enfin, l'émergence des BRICS (Brésil, Russie, Inde, Chine et Afrique du Sud) et de nombreux pays asiatiques sur la scène internationale s'est faite au détriment des pays traditionnellement industriels.

Les premiers enseignements de ces changements indiquent que les pertes de parts de marché de la France sur la période 2000-2007 seraient dues à la compétitivité-prix, et celles depuis 2008, bien que moindres, seraient le fait de la compétitivité hors

Graphique 1. **Parts de marché et taux de change effectif réel**

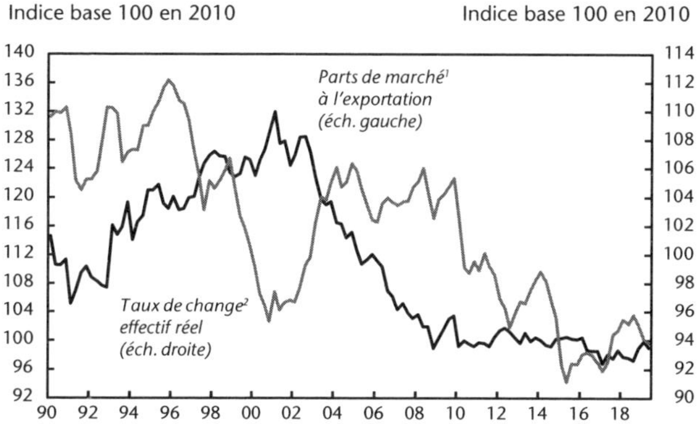

1. Rapport des exportations françaises à la demande adressée en biens et services à la France en volume.

2. Une hausse du taux de change réel correspond à une appréciation (et inversement).

Sources : OCDE, PIE, estimations OFCE.

prix [Bas *et al.*, 2015]. La dégradation des marges des exportateurs, afin de limiter les pertes de compétitivité-prix, a pu pénaliser les investissements en innovation et affaiblir la montée en gamme des produits français, participant certainement à la perte de compétitivité-hors coût. Pour tenter d'y remédier, sous la présidence de F. Hollande, le gouvernement a sanctuarisé le crédit d'impôt recherche (CIR) et mis en place, à partir de 2013, le crédit d'impôt pour la compétitivité et l'emploi (CICE), équivalant à une baisse de 2,6 % du coût du travail dans le secteur marchand. L'effort en faveur des entreprises a été accentué en 2015 par la mise en place du Pacte de responsabilité, réduisant les cotisations sociales jusqu'à 3,5 SMIC, la suppression partielle d'impôts sur la production, à travers la C3S, et l'amorçage de la baisse de l'impôt sur les sociétés (IS). Et, sous la présidence d'E. Macron, le CICE a été transformé en 2019 en baisse de 6 points de cotisations patronales et les restantes au niveau du SMIC sont supprimées à partir du 1er octobre 2019. De plus, Emmanuel Macron a annoncé que le taux d'IS serait abaissé à 25 % (contre 28 % actuellement) d'ici la fin du quinquennat.

Cependant, malgré l'amélioration de la compétitivité-coût de la France au tournant de 2010, qui s'est nettement accélérée à partir de 2014 avec la mise en place des mesures d'offre et la dépréciation de l'euro, les pertes de parts de marché se sont stoppées mais sans s'inverser. Dans un mouvement symétrique à la période 2000-2007, les exportateurs français privilégient depuis 2014 le redressement de leurs marges à l'amélioration de la compétitivité-prix, limitant les effets positifs sur les parts de marché à court terme.

Depuis la fin des années 1960, l'économie française s'est ouverte sur l'extérieur. La part des exportations est passé de moins de 14 % en moyenne dans les années 1960 à environ 20 % à la fin des années 1970, pour s'élever à plus de 25 % depuis 1997, et culmine actuellement à 32 % (graphique 2).

Le renforcement de l'insertion de la France dans l'économie internationale est source d'élévation de l'activité, mais accentue sa dépendance vis-à-vis du cycle mondial et des chocs extérieurs. Cette dépendance accrue n'a pas toujours joué contre l'économie française. En effet, après avoir été longtemps négatif à partir de la seconde moitié des années 1980, le solde extérieur est resté positif de 1992 à 2005, signe que les entreprises ont pu s'insérer à leur avantage dans le mouvement de mondialisation.

Cependant, la balance commerciale est redevenue négative en 2006, d'abord sous l'influence des pertes de compétitivité vis-à-vis de l'Allemagne, mais aussi sous l'effet d'une spécialisation géographique qui a joué au détriment des exportations, avec notamment l'entrée de la Chine dans l'OMC. Le gros des exportations françaises s'effectue vers l'Union européenne, près de 60 % du total, peu vers les États-Unis (8 %) ou le bloc Brésil-Russie-Inde (3 %). La présence française dans les pays à croissance rapide, pays du Sud-Est asiatique et surtout Chine, demeure faible (moins de 5 % en Chine). De ce fait, la France a peu profité de la forte croissance de ces zones et a de plus subi la crise particulièrement marquée dans la zone euro à partir de 2008. Depuis 2006, la France affiche un déficit commercial (en biens et services) qui s'est creusé jusqu'en 2011 où il a atteint un point bas avec un déficit de 40 milliards d'euros (2 % du PIB), et qui s'est quelque peu réduit depuis, sous l'effet principalement de la baisse des prix du pétrole et de l'amélioration de la balance des services. Il a atteint 24 milliards d'euros en 2019 (1 % du PIB), dont 29 milliards sont dus au déficit du secteur énergie lié aux importations d'hydrocarbures. La balance courante, bien que déficitaire,

Graphique 2. **Ouverture de l'économie française**

En % du PIB, valeur

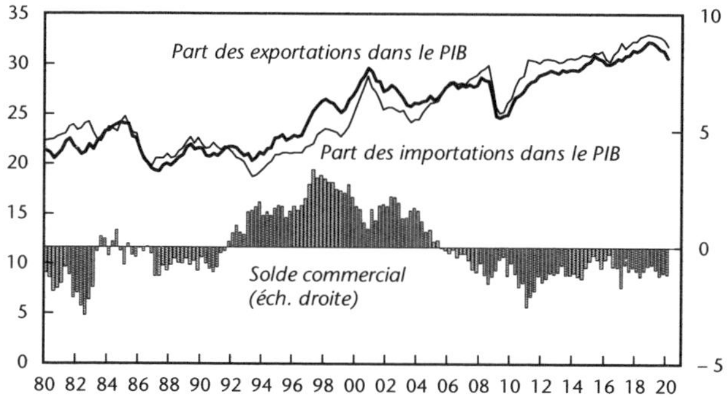

Source : Insee, comptes nationaux.

se situe à un niveau inférieur (– 17 milliards, soit – 0,7 point de PIB) en raison des excédents dégagés par la balance des services (+ 0,9 % du PIB), notamment liés au tourisme (+ 0,5 % du PIB), et une balance des revenus positive (+ 0,4 point), tirée par les revenus de l'investissement (+ 1,2 point de PIB). La crise de la Covid-19 pourrait peser sur la balance courante de la France en raison de sa spécialisation dans le secteur du tourisme et du transport aérien et de la baisse attendue des revenus issus des investissements réalisés à l'étranger.

L'excédent structurel de la balance des revenus est étroitement associé à l'internationalisation *via* les implantations des entreprises à l'étranger. Au regard des sorties nettes d'investissements directs étrangers (IDE) au cours des années 2000, il semblerait que les grandes entreprises françaises aient fait plutôt le choix de la production à l'étranger que celui de l'exportation [Gaulier, 2012]. La France est le premier pays européen pour l'emploi dans les filiales à l'étranger devant l'Allemagne et le Royaume-Uni [Boccara et Picard, 2015]. En 2016, selon l'Insee, les multinationales françaises (hors secteur bancaire et services non marchands) contrôlent 45 200 filiales à l'étranger dans plus de 190 pays. Les filiales à l'étranger emploient 5,8 millions de salariés, soit 55 % des effectifs des firmes dont elles font partie. D'ailleurs, le stock d'investissements directs français à l'étranger, estimé à 1 317 milliards d'euros fin 2018 (55,8 % du PIB), a doublé depuis fin 2006, les terres d'accueil restant majoritairement la zone euro et l'Amérique du Nord, même si la part de la zone euro a diminué au profit des autres zones (Asie, Afrique, Amérique latine et Caraïbes).

L'approche *ex ante* de la compétitivité s'intéresse à l'attractivité. Selon la DG Trésor, l'attractivité peut être définie comme la capacité à attirer des activités nouvelles et des facteurs de production mobiles — capitaux, travailleurs qualifiés — sur le territoire afin d'améliorer la compétitivité et augmenter le niveau de vie de ses habitants.

Si les indicateurs pour mesurer l'attractivité d'un territoire se sont largement développés avec la construction d'indices mêlant à la fois des variables macroéconomiques et des enquêtes d'opinion, l'indicateur quantitatif le plus utilisé reste les flux de capitaux de long terme, c'est-à-dire les IDE entrant dans le pays. Alors que la plupart des indicateurs d'attractivité placent la France relativement loin du groupe de tête, l'analyse des IDE apporte un diagnostic différent. En effet, selon le Rapport de la CNUCED de 2019, la France était le 12e pays au monde en termes d'accueil d'IDE et le 3e de la zone euro derrière les Pays-Bas et l'Espagne, mais devant l'Allemagne et l'Italie. À noter cependant que si les stocks d'investissements directs étrangers en France ont progressé depuis 2006, c'est de façon moins marquée que les investissements français à l'étranger. Fin 2018, ces derniers représentaient 721 milliards d'euros (30,5 % du PIB), concentrés principalement dans trois secteurs : l'industrie manufacturière, les activités financières et d'assurance et les activités immobilières. Enfin, l'Europe avec le Royaume-Uni sont les premiers investisseurs en France, possédant 74 % de l'ensemble du stock d'IDE, devant les États-Unis (7 %) et la Suisse (11 %). À noter que la Chine ne possède que 0,5 % du stock d'IDE en France.

Si ces statistiques donnent une image relativement positive de l'attractivité de la France, les indices de compétitivité, mêlant données quantitatives et enquêtes qualitatives, sont plus pessimistes. Les investisseurs sondés reprochent généralement à la France une fiscalité trop lourde ainsi qu'un manque de stabilité et de clarté dans l'environnement législatif et administratif.

Une autre façon de mesurer l'attractivité de la France pour les investisseurs étrangers est de regarder la part des entreprises étrangères sur le territoire. En 2016, selon l'Insee, 28 600 entreprises en France sont sous le contrôle de firmes multinationales étrangères. Elles emploient 1,8 million de salariés, ce qui représente 11 % des effectifs du secteur marchand en France, et réalisent 16 % de la valeur ajoutée sur le territoire national, dont 23 % uniquement pour la valeur ajoutée du secteur industriel. En revanche, si elles investissent moins que les firmes françaises, elles dépensent davantage en R&D. Selon la Banque de France, 42 % en capital des entreprises cotées au CAC 40 en 2018 étaient détenus par des capitaux étrangers, en légère baisse depuis 2013 où un pic avait été atteint (48 %).

Des cycles d'investissement marqués

L'investissement des entreprises a subi de violentes secousses depuis son précédent pic de 2008 : une baisse de 15 %, entamée au début de 2008 et qui s'est prolongée pendant six trimestres consécutifs, puis une forte reprise engagée à la fin de 2009 jusqu'à fin 2011, qui a permis à l'investissement de regagner deux tiers du terrain perdu depuis son sommet de 2008. Les politiques d'austérité conduites en France et en Europe ont interrompu la reprise, et l'investissement s'est à nouveau retourné, avant d'amorcer une reprise au début de 2013, qui s'est nettement accélérée à partir de 2015, ce dernier augmentant de 21 % depuis la fin 2014. Près de la moitié du redressement de l'investissement est attribuable à l'investissement en information-communication qui a crû de 42 % sur la même période, soit un rythme supérieur à ce qui a pu être observé à la fin des années 1990-début 2000 au moment de la bulle des technologies de l'information et de la communication (TIC). Sur ce point, il est intéressant de noter que les entreprises industrielles françaises investissent beaucoup plus dans les actifs immatériels (logiciels, bases de données, R&D...) que leurs homologues européennes, relativement à leur valeur ajoutée [Guillou *et al.*, 2018]. Ainsi, à la fin de l'année 2019, le taux d'investissement des entreprises avait effacé les effets de la crise, atteignant un plus haut historique de 13,5 points de PIB, soit 0,6 point de plus que le pic précédent début 2008.

L'évolution de l'investissement observée durant ces dix dernières années a déjà eu des précédents. Elle s'inscrit dans une trajectoire habituellement marquée par des vagues récurrentes de hausses et de baisses. Ces vagues donnent à la formation brute de capital fixe (FBCF) une évolution cyclique liée au comportement des entre-

Graphique 3. **Investissement des entreprises en volume**

1985 = 100 En %

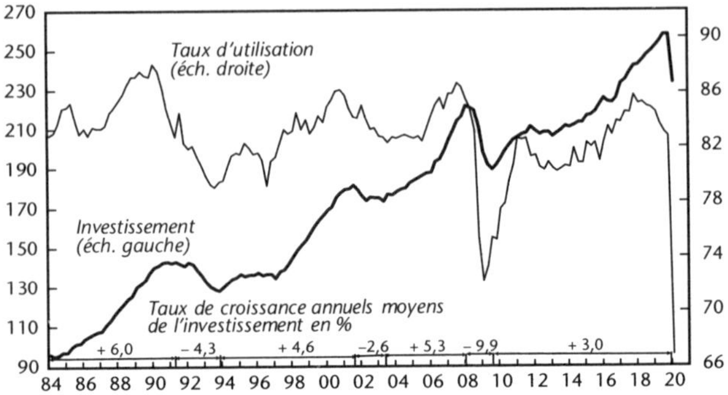

Source : Insee, comptes nationaux.

prises au cours des différentes phases de croissance (graphique 3). Une entreprise investit pour augmenter sa capacité de production, mais aussi pour remplacer ses équipements usagés et moderniser ses procédés de production. La croissance du stock de capital productif en quantité et en qualité est assurée par l'investissement. Cependant, ces capacités nouvelles ne sont pas opérationnelles immédiatement, ce qui rend le stock de capital disponible pour la production relativement inerte à court terme. D'abord, la décision d'investir n'est prise que quand la croissance des débouchés est jugée pérenne. Ensuite, les temps d'installation et de rodage des équipements introduisent un autre délai entre l'investissement et la croissance des capacités. À court terme, les entreprises ajustent les capacités au niveau désiré en modulant le taux d'utilisation du capital et la durée d'utilisation des équipements, c'est-à-dire l'intensité avec laquelle le parc d'équipements existant est utilisé. Ainsi, pendant les phases hautes (basses) du cycle économique, l'augmentation (le recul) du taux d'utilisation des capacités de production accompagne la croissance (contraction) de l'investissement.

L'investissement dépend aussi de contraintes financières. Le taux d'endettement des entreprises (crédits hors actions rapportés à la valeur ajoutée) est un des déterminants majeurs de l'investissement. Les prêteurs de fonds et actionnaires ne vont soutenir des projets que si le niveau d'endettement leur paraît soutenable et que la capacité à rembourser les prêts, à payer les intérêts et à dégager des profits est suffisante. L'épargne dégagée par l'entreprise peut lever la contrainte de l'endettement. Plus elle dégagera de profits, moins elle sera dépendante de l'extérieur pour financer ses projets, ce que mesure le taux d'autofinancement (l'épargne rapportée à l'investissement). La combinaison d'un endettement excessif et d'un rationnement des financements extérieurs (*credit crunch*) peut conduire à une situation de blocage de l'investissement, comme au début des années 1990 ou 2000, qui s'est reproduite en 2008 (graphique 4).

Cette plus grande dépendance des entreprises vis-à-vis des financements extérieurs a démultiplié l'effet de la crise financière sur l'investissement.

Tétanisés par la montée des risques au plus fort de la crise financière, les gestionnaires d'épargne ont massivement orienté leur activité vers les segments du marché jugés les moins risqués, privilégiant les obligations publiques au détriment des activités productives privées. En réponse à la chute des carnets de commandes, sans financement interne suffisant et face à des circuits de financement extérieur asséchés, l'investissement est entré en crise. Quand l'économie française a basculé dans la récession au deuxième trimestre 2008, le recul de la valeur ajoutée a provoqué un effondrement de l'épargne des entreprises qui a participé au gel des dépenses d'investissement dès lors que les prêts au secteur privé ne pouvaient plus relayer le tarissement des ressources internes. Le troisième déterminant majeur de l'investissement est la profitabilité[3] du capital. Les entreprises disposant de ressources financières peuvent, après avoir distribué les dividendes, les affecter à divers emplois, comme le remboursement des dettes, les placements financiers ou l'investissement productif. Encore faut-il que ce dernier dégage une rentabilité suffisante par rapport à celle des emplois alternatifs. Si sa rentabilité attendue est inférieure aux taux d'intérêt, l'entreprise pourra avantageusement affecter ses ressources au désendettement ou à l'achat d'actifs financiers. L'investissement est en général peu dynamique dans les périodes où les taux d'intérêt réels sont éle-

3 La profitabilité du capital s'exprime comme la rentabilité du capital diminuée du taux d'intérêt nominal à dix ans.

Graphique 4. **Taux d'autofinancement[1] et taux de marge[2] des sociétés non financières**

En %

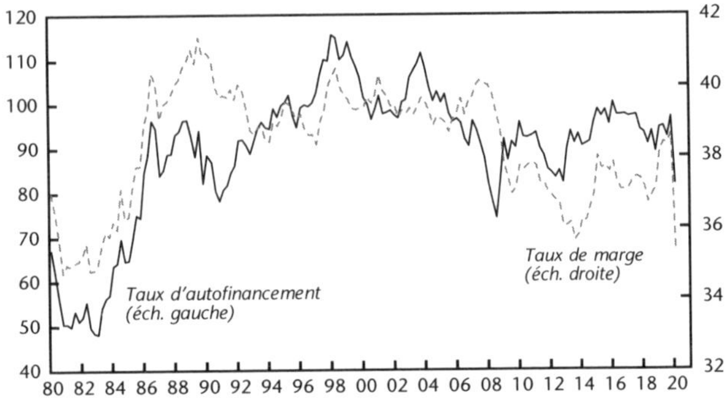

1. Épargne rapportée à l'investissement.
2. Excédent brut d'exploitation rapporté à la valeur ajoutée.

Sources : OCDE, PIE, estimations OFCE.

vés, synonyme d'une profitabilité du capital dégradée, ce qui est un puissant frein à l'investissement.

La forte croissance de l'investissement dans la seconde moitié de la décennie 1980 s'était inscrite dans un contexte d'amélioration de la profitabilité des entreprises : la politique de rigueur menée à partir de 1983, à savoir la désindexation des salaires et des prix, ainsi que le faible niveau de l'emploi, en contenant la progression de la masse salariale, avaient favorisé le redressement du taux d'autofinancement (graphique 4).

L'accumulation des profits a permis de financer la reprise de l'investissement à partir de 1985. La remontée des profits s'est poursuivie, portée par le cycle de productivité, et les entreprises ont pu limiter la progression de la dette. La décennie 1990 s'est ouverte sur un ralentissement. L'endettement s'est rapidement accru et l'autofinancement s'est réduit. Les entreprises ont dû alors freiner leurs dépenses pour assainir leurs bilans. L'investissement entrait en phase de blocage.

Dans un contexte de politique monétaire restrictive, la hausse des taux réels a contraint les entreprises à se désendetter par la compression de leurs dépenses. Elle a aussi entamé la profitabilité, incitant les entreprises à détourner leurs ressources de l'investissement vers les placements financiers plus rémunérateurs. Après la récession de 1993, la politique monétaire s'est assouplie. Les arbitrages financiers sont redevenus plus favorables à l'investissement et ont poussé à la modernisation des équipements issus de la vague précédente.

Ce mouvement n'est toutefois resté qu'embryonnaire, freiné par les ajustements budgétaires imposés par le traité de Maastricht. C'est en 1997 que l'investissement a accéléré, renouant avec les rythmes soutenus de la décennie 1980. Cette grande phase de croissance s'est achevée dans l'excès. À la fin des années 1990, les anticipations de profitabilité liées aux nouvelles technologies de l'information et de la communication sont devenues irraisonnées. Les entreprises ont alors surinvesti, certaines réalisant des opérations de croissance externe à des coûts exorbitants : multiplication des opérations de fusions-acquisitions et formation d'une bulle spéculative sur les marchés boursiers.

L'éclatement de cette bulle aux États-Unis, début 2000, a gagné l'Europe. Une fois les investisseurs revenus à la raison, l'effondrement des valorisations dans les secteurs de la nouvelle économie a contraint les entreprises à provisionner des dépréciations d'actifs, alors que les passifs restaient lestés par les dettes contractées pour les acquisitions. Les entreprises ont alors cherché à se désendetter en réduisant l'investissement, comme au début de la décennie 1990. Mais les taux d'intérêt réels étant en 2000 moins élevés qu'en 1990, l'assainissement des bilans a eu des conséquences moins dévastatrices. La baisse ultérieure des taux a permis un redressement de la profitabilité du capital, à l'origine de la troisième vague de hausses de ces quarante dernières années. En faisant jouer le levier de l'endettement au détriment du taux d'autofinancement (graphique 4), les actionnaires ont profité à plein, durant les années 2000, d'opportunités de gain ouvertes par l'allocation des ressources empruntées vers l'investissement.

La crise financière de 2008 a changé la donne, avec le tarissement du crédit qui a enrayé la mécanique de l'effet de levier. D'autre part, et même si les taux d'intérêt à long terme étaient bas, la forte baisse de la rentabilité du capital a entraîné une diminution de sa profitabilité. Sous-utilisation des équipements, taux d'endettement proche des records historiques, faiblesse du taux d'autofinancement, profitabilité entamée par la crise, aucun des déterminants de l'investissement n'était favorablement orienté après le choc de 2008/2009. Mais, au cours de l'année 2015, le contexte macroéconomique a évolué, créant un climat propice à une reprise de l'investissement : redressement des marges, coût du capital historiquement faible, accélération de la croissance soutenue par la baisse des prix du pétrole, par la dépréciation de l'euro et par la moindre consolidation budgétaire en France et dans la zone euro. L'augmentation de l'investissement au rythme de 3,7 % l'an depuis 2015 indiquait que la France était en cycle de reprise.

La crise de la Covid-19 l'a brutalement interrompu, avec une chute de l'investissement de – 9,3 % au premier trimestre, plus forte baisse trimestrielle depuis quarante ans, équivalant quasiment au double du précédent record enregistré au premier trimestre 2009 (– 5,9 %). Les investissements en biens industriels et en construction ont enregistré les reculs les plus forts, – 14,5 % chacun, tandis que l'investissement en services affiche une baisse deux fois moindre, – 6,8 %, notamment en R&D moins sensible au choc économique. Une partie du choc est réversible, mais la destruction de capital productif risque de peser sur le potentiel de l'économie à moyen terme.

Repères bibliographiques

BAS M. *et al.*, « À la recherche des parts de marché perdues », *Notes du CAE*, n° 23, 2015.

BOCCARA F. et PICARD T., « Commerce extérieur et implantation des firmes multinationales : des profils différents selon les pays », *Insee Première*, n° 1558, 2015.

COTTET V., « Depuis 30 ans, les grandes entreprises concentrent de plus en plus d'emplois », *Insee Première*, n° 1289, 2010.

DEBONNEUIL M. et FONTAGNÉ L., « Compétitivité », *Rapport du CAE*, n° 40, 2003.

DUCOUDRÉ B. et HEYER É., « Baisse de l'euro et désinflation compétitive : quel pays en profitera le plus ? », *Revue de l'OFCE*, n° 136, 2014.

GAULIER G., « Les échanges extérieurs français : des excédents aux déficits », *Problèmes économiques*, hors-série n° 1, *Comprendre l'économie française*, août 2012.

GUILLOU S., MINI C. et LALLEMENT L., « L'investissement des entreprises est-il efficace ? », La Fabrique de l'industrie, 2018.

KHDER M.-B. et ROUSSET C. « Faut-il s'inquiéter de la hausse de l'endettement des entreprises ? », *Note de conjoncture*, Insee, décembre 2017.

5. Le secteur numérique : production et emploi

Cyrielle Gaglio

Le numérique façonne nos sociétés. Le contexte inédit lié à la crise sanitaire actuelle nous le rappelle à chaque instant tant la place qu'occupent les technologies numériques dans nos quotidiens est centrale. Que ce soit comme substitut de nos lieux de travail (télétravail), de consommation (e-commerce), de distribution (beacons), de communication (réseaux et médias sociaux), etc. Ce qui se traduit par de nouveaux usages et induit parallèlement une nouvelle structuration de nos sociétés marquée par une décentralisation des activités et une dématérialisation des moyens qui leur sont associés. Ainsi, à l'heure où la distanciation sociale et physique est devenue une norme, le numérique apparaît naturellement comme une alternative concrète et potentiellement durable.

Les discussions récentes s'attachent donc essentiellement à la pénétration croissante de ces technologies numériques dans nos sociétés et à leurs effets sur nos modes de production et/ou de consommation. Or cela ne nous apprend rien sur le secteur numérique en lui-même qui est un lieu de création de valeur et de main-d'œuvre numérique. Le numérique induit, par ailleurs, de nombreuses ruptures dans l'organisation industrielle (en termes de matériaux, de procédés et/ou de processus) et contraint les entreprises à repenser les conditions de leur compétitivité [OCDE, 2018]. La compétitivité des pays est également questionnée au travers, par exemple, de la mise en place de programmes nationaux individuels de soutien au numérique [Commission européenne, 2018], de la législation relative à la protection des données personnelles[1] ou de leur capacité d'adaptation face aux défis technologiques futurs. Le numérique a également des répercussions sur le marché du travail : les avancées technologiques mêlées à un monde de plus en plus globalisé et interconnecté entraînent une certaine mutation du marché du travail dans sa nature et son organisation. Ce sont à la fois la qualité et la quantité des emplois qui évoluent [OCDE, 2019].

Où en est alors la numérisation de l'économie française ? Les données disponibles jusqu'à présent nous permettent de quantifier le secteur numérique d'un pays, ses différentes composantes, de le comparer à d'autres sans que, pour autant, les chiffres soient spectaculairement informatifs. Il y a fort à parier que les données futures retranscriront davantage la révolution numérique en cours.

Notre discussion sera structurée comme suit : 1) la production et les investissements numériques ; 2) les emplois numériques.

La production numérique : où en sommes-nous ?

Dans l'édition 2019 de *L'Économie française*, nous constations que le secteur numérique en France représentait 7,9 % de la valeur ajoutée (VA) marchande en valeur (9,2 % en volume) parmi lesquels 1,2 % provenait des biens numériques et 6,7 % des services numériques [Gaglio et Guillou, 2018a]. Ces chiffres étaient relatifs à 2015, dernière année disponible alors dans les données EU KLEMS utilisées pour mesurer la VA du secteur numérique. Désormais mises à jour, elles s'étendent actuellement jusqu'en 2017[2]. Que nous apprennent donc les données plus récentes sur le secteur numérique en France ?

Rappelons, au préalable, que la définition du secteur numérique telle que proposée par l'OCDE s'appuie sur l'assemblage de quatre secteurs marchands. Le secteur des biens numériques se réfère à la fabrication d'ordinateurs, d'articles électroniques et optiques (secteur 26 de la nomenclature ISIC[3], révision 4) tandis que les secteurs des services numériques regroupent les services

1 Au niveau européen, la mise en place effective de cette législation (Règlement général sur la protection des données) date de 2018 et est la conséquence directe de la libre circulation des données sur le territoire, mais elle alimente encore de nombreuses discussions.

2 Voir Stehrer *et al.* [2019], Adarov et Stehrer [2019]. Date d'accès aux données : mai 2020. Nous utilisons la version 2019 des données EU KLEMS. Pour plus d'informations : https://euklems.eu/.

3 International Standard Industrial Classification (ISIC).

d'édition de logiciels (secteur 582), de télécommunications (secteur 61, TELECOMS) et d'ingénierie informatique et numérique (secteurs 62-63, SIIN). Comme nous l'avions auparavant expliqué [Gaglio et Guillou, 2018b], dans une définition moins restrictive, on associe : 1) le secteur 26 aux équipements électriques (secteurs 26-27, ORDI-ELEC) et 2) le secteur 582 aux activités de diffusion et d'audiovisuel (secteurs 58-60, LOGIC2). C'est une définition qui s'impose puisque en parfaite adéquation avec le niveau de désagrégation disponible dans les données.

Dans les tableaux 1a et 1b, nous complétons les chiffres de l'édition 2019 sur la contribution du secteur numérique à la VA marchande et ajoutons une information supplémentaire sur la ventilation de la FBCF marchande par destination numérique.

Dans le tableau 1a, nous constatons que les services constituent toujours l'essentiel de la matière première numérique de l'économie française. En 2017, les services numériques sont à l'origine de 7 % de la VA numérique en valeur et de 8,2 % de la VA numérique en volume. Précisons que nous conservons la distinction valeur/volume dans la mesure où des dynamiques de prix induisent une sous-estimation de la VA numérique en valeur (en particulier dans le secteur des télécommunications). Comme nous l'évoquions dans de précédentes études, ce sont les SIIN qui ont incontestablement marqué la numérisation des pays et qui se confirment en tant qu'avantage comparatif de la plupart des pays européens, dont la France, à l'ère du numérique.

Dans le tableau 1b, nous constatons que les destinations numériques de la FBCF ne bénéficient pas d'efforts similaires dans les investissements qui leur sont dédiés. Si les équipements in-

Tableau 1a. **Contribution du secteur numérique à la VA marchande**

En %

	ORDI-ELEC		LOGIC2		TELECOMS		SIIN		TOTAL	
	Val.	Vol.	**Val.**	Vol.	**Val.**	Vol.	**Val.**	Vol.	**Val.**	Vol.
1995	**2,5**	1,0	**1,5**	1,5	**2,3**	0,9	**2,5**	2,2	**8,8**	5,6
2015	**1,2**	1,4	**1,6**	1,5	**1,7**	2,9	**3,4**	3,4	**7,9**	9,2
2016	**1,2**	1,4	**1,7**	1,6	**1,7**	2,9	**3,6**	3,5	**8,2**	9,4
2017	**1,3**	1,4	**1,6**	1,6	**1,6**	2,8	**3,8**	3,8	**8,3**	9,6

Tableau 1b. **Ventilation de la FBCF marchande par destination numérique**

En %

	Équipements informatiques	Logiciels et bases de données	Équipements de communication
1995	1,2	9,1	1,3
2015	0,9	13,6	1,2
2016	0,8	14,3	1,3
2017	0,9	14,6	1,3

Note : VA et FBCF en valeur, à prix courants. VA en volume, année de référence 2010.

Source : EU KLEMS, calculs de l'auteur.

formatiques et de communication ne font que peu l'objet d'investissements en France (à peine 2,2 % de la FBCF marchande en 2017), les actifs immatériels suivent, eux, au contraire, une expansion continue. Leur part s'est accrue de 5,5 points de pourcentage entre 1995 et 2017, atteignant 14,6 % de la FBCF marchande en 2017. Ce qui n'est pas surprenant dans la mesure où les logiciels et bases de données constituent, en quelque sorte, l'ADN de la transformation numérique moderne. Ces actifs immatériels sont incorporés dans la plupart des processus de production, de consommation et de communication, mais aussi dans les technologies numériques les plus avancées.

Outre la production pour mesurer la numérisation des économies, nous nous focalisons sur l'étude des emplois numériques dans la population active française.

Les emplois numériques[4] : une polarisation évidente ?

Bien que le numérique se propage dans chacune des branches de l'économie, il n'est pas aisé d'identifier les emplois numériques et de les isoler des autres emplois présents dans l'économie. ous faisons alors les deux hypothèses suivantes. Hypothèse 1 : nous identifions les emplois numériques grâce à leur description, laquelle doit inclure au moins l'un des termes présents dans la définition

4 Ce travail a bénéficié d'une aide de l'État gérée par l'Agence nationale de la recherche au titre du programme Investissements d'Avenir portant la référence ANR-10-EQPX-17 (Centre d'accès sécurisé aux données – CASD).

du secteur numérique : électrique, électronique, informatique(s), télécommunications. Hypothèse 2 : nous excluons les emplois dont la description se réfère à la vente de produits informatiques en supposant que le commerce associé à ces produits mobilise davantage des compétences commerciales que des compétences numériques *stricto sensu*. Afin d'appliquer ces deux hypothèses, nous utilisons la nomenclature des professions et catégories socioprofessionnelles des emplois salariés d'entreprise (PCS-ESE, révision 2003)[5] de l'Insee qui offre une description complète des professions en France. Nous identifions treize types d'emplois numériques répartis entre les ingénieurs ou emplois numériques à haute qualification et les techniciens ou emplois numériques à basse qualification. Nous les nommerons ingénieurs et techniciens numériques puis les différencierons, respectivement, des ingénieurs et des techniciens non numériques (graphique 1). Ce sont donc des types d'emplois et non pas des types de tâches qui nous servent de support à l'identification des emplois numériques. Cette identification est, par ailleurs, compatible avec celle qui est proposée par l'Insee ou par Harrigan *et al.* [2018].

En couplant les PCS-ESE aux Déclarations annuelles de données sociales (DADS)[6], il apparaît que deux types d'emplois parmi les treize identifiés (les PCS-ESE 388a, et 388c, voir encadré) couvrent 51,2 % des emplois numériques en 2016. Parmi les techniciens numériques (cinq types d'emploi sur treize), la répartition de ces emplois est cependant plus homogène qu'elle ne l'est parmi les ingénieurs numériques (huit types d'emploi sur treize).

Sur le graphique 1, nous montrons que la part des emplois numériques dans le total des salariés en France a été multiplié par 1,5 entre 2004 et 2016, passant de 442 328 emplois numériques en 2004 (soit 4 % des emplois en ETP) à 650 340 emplois numériques en 2016 (soit 5 % des emplois en ETP). Si les emplois numériques ont presque doublé dans la population active française, on observe une augmentation semblable des postes d'ingénieurs non numériques dont la part est passée de 3 % des emplois en 2004 à 4,2 % en 2016.

5 La révision 2017 est actuellement en vigueur mais, compte tenu des données dont nous disposons (jusqu'en 2016), nous utilisons la révision précédente, à savoir celle de 2003. Pour plus d'informations : https://www.insee.fr/fr/information/2401328.

6 Date d'accès aux DADS Postes de 2003 à 2015 : janvier 2019. Date d'accès aux DADS Postes 2016 : septembre 2019. Pour plus d'informations : https://www.insee.fr/fr/metadonnees/definition/c1914.

Encadré 1. Identification des emplois numériques grâce aux DADS et PCS-ESE

Les DADS Postes de l'Insee fournissent, sur la base d'une formalité déclarative à la charge de chaque entreprise pour chaque année, un ensemble d'informations sur les travailleurs français allant de leur âge à leur salaire en passant par le type d'emploi qu'ils occupent ou leur contrat de travail. Nous ne conservons que les domaines d'emploi et les catégories juridiques hors de la fonction publique, les postes principaux et les emplois ordinaires. Nous travaillons sur la base des équivalents temps plein (ETP), lesquels indiquent le volume effectif de travail de chaque employé. Chaque emploi est affecté d'un coefficient ETP et chaque ETP a une valeur strictement comprise entre 0 et 1. Lorsqu'un ETP est égal à 1, cela signifiè *a priori* que la durée du contrat de travail équivaut à 360 jours et la condition d'emploi à un temps complet. Lorsqu'un ETP est nul ou manquant, nous le corrigeons en rapportant le nombre d'heures travaillées au maximum légal de 1 820 heures, soit 52 semaines de 35 heures. Dans certains cas, cette correction se traduit par un ETP strictement supérieur à 1, auxquels cas nous ramenons l'ETP concerné à 1 afin d'éviter d'éventuelles surestimations des effectifs employés dans chaque entreprise. Les ETP dont la valeur est strictement inférieure à 1 correspondent à d'autres types de contrats de travail : par exemple, les mi-temps ou les temps partiels à 80 %. À partir de ces restrictions, nous isolons les emplois numériques :

- ingénieurs et cadres d'étude, recherche et développement en électricité, électronique, *PCS-ESE 383a*, 8,5 % des emplois numériques en 2016 ;
- ingénieurs et cadres de fabrication en matériel électrique, électronique, *383b*, 1,4 % ;
- ingénieurs et cadres technico-commerciaux en matériel électrique ou électronique professionnel, *383c*, 2 % ;
- ingénieurs et cadres d'étude, recherche et développement en informatique, *388a*, 33,2 % ;
- ingénieurs et cadres d'administration, maintenance, support et services aux utilisateurs en informatique, *388b*, 7,4 % ;
- chefs de projets informatiques, responsables informatiques, *388c*, 18 % ;
- ingénieurs et cadres technico-commerciaux en informatique et télécommunications, *388d*, 3,9 % ;
- ingénieurs et cadres spécialistes des télécommunications, *388e*, 2,8 % ;
- techniciens de recherche et développement et des méthodes de fabrication en électricité, électromécanique et électronique, *473b*, 3,4 % ;
- techniciens d'étude et de développement en informatique, *478a*, 7,3 % ;
- techniciens de production, d'exploitation en informatique, *478b*, 2,9 % ;
- techniciens d'installation, de maintenance, support et services aux utilisateurs en informatique, *478c*, 5,6 % ;
- techniciens des télécommunications et de l'informatique des réseaux, *478d*, 3,5 %.

Ces évolutions marquent ainsi la numérisation de l'économie française et la croissance d'une spécialisation productive plus intensive en ingénieurs. En France, l'évolution des emplois numériques est clairement gouvernée par la composante des emplois à haute qualification, c'est-à-dire par les postes d'ingénieurs numériques dont la proportion a fortement crû parmi les emplois numériques et relativement à celle des techniciens numériques. En effet, entre 2004 et 2016, le taux de croissance annuel moyen du nombre d'ingénieurs numériques a été de 3,5 % contre 2,4 % pour les techniciens numériques. En 2016, on dénombre 502 426 postes d'ingénieurs numériques (soit 3,9 % de la population active totale) pour 147 914 postes de techniciens numériques (soit 1,1 %) : la numérisation de l'économie française est donc plus favorable aux travailleurs qualifiés [Insee, 2019]. La polarisation des emplois numériques en faveur des postes d'ingénieurs en France est une caractéristique persistante sur l'ensemble de la période étudiée : ceci converge avec l'identification de ce que certains nomment les « gagnants de la révolution informatique », c'est-à-dire les travailleurs qualifiés dont les tâches d'analyse, par exemple, ne sont pas concurrencées par l'avènement des machines à la différence des tâches répétitives routinières qui sont associées aux professions intermédiaires [Verdugo, 2017].

Afin d'avoir un élément de comparaison quant à l'évolution de ces emplois numériques, nous utilisons la définition proposée par Harrigan *et al.* [2018]. Bien que relativement proches, nos définitions divergent sur certaines PCS-ESE rendant ainsi plus large l'identification des emplois numériques faite par Harrigan *et al.* [2018]. Néanmoins, en appliquant leur définition, nous constatons que l'évolution des emplois numériques que nous avons identifiés est semblable à l'évolution de leurs emplois numériques : en effet, la part de ces derniers dans la population active française totale s'accroît également, passant de 4,8 % en 2004 à 5,9 % en 2016. Si l'on se concentre uniquement sur les emplois d'ingénieurs et de techniciens non numériques, nous constatons que l'économie française se caractérise plutôt par la présence de techniciens : en 2016, ils représentent 8 % de la population active totale. Ce qui traduit une dynamique inverse à celle des emplois numériques.

La main-d'œuvre numérique est, en France et en 2016, concentrée dans les établissements de taille intermédiaire – c'est-à-dire les entreprises qui comptent entre 250 et 4 999 salariés – (ETI, 41,9 % du total des emplois numériques) et dans le secteur numérique (55,6 %). Il est, toutefois, intéressant de noter deux faits stylisés. 1) Ce sont les TPE et les grandes entreprises qui ont le plus activement accru leurs emplois numériques dans leur tissu salarial avec une croissance annuelle moyenne respective de 9,4 % et 6,1 % entre 2004 et 2016. Ce qui traduit le développement de certaines start-ups numériques (comme, par exemple, Nestwave, Cycloid et Sqreen) en

Graphique 1. **Évolution de la part des emplois numériques, d'ingénieurs et de techniciens en France entre 2004 et 2016**

En %

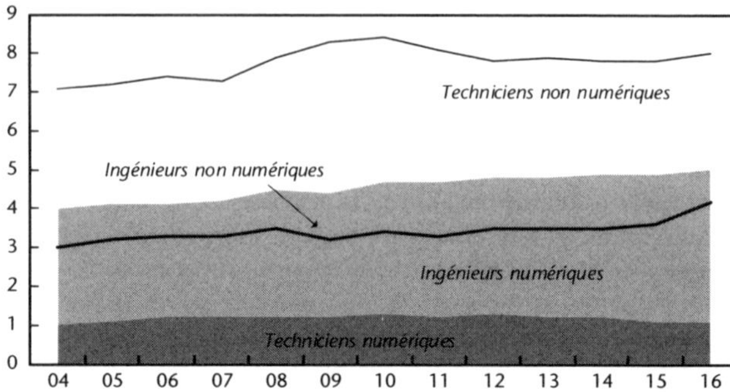

Note : cette évolution est mesurée sur un échantillon non cylindré, c'est-à-dire qu'elle provient à la fois de la hausse des emplois numériques à l'intérieur des entreprises existantes et de l'entrée de nouvelles entreprises qui sont, pour tout ou partie, numériques.

Sources : Insee, DADS Postes, calculs de l'auteur.

parallèle du recul des ETI comme localisation privilégiée des emplois numériques, signe sans doute d'une croissance de l'externalisation vers certaines TPE. 2) Les secteurs des services marchands (que sont le commerce, le transport-entreposage, l'hébergement-restauration, la production et distribution de produits culturels à l'exception de l'édition de logiciels, la finance, les activités immobilières, scientifiques et techniques, de services administratifs) englobent un tiers des emplois numériques en 2016. Ce qui fait écho à l'une de nos précédentes constatations quant au rôle moteur que jouent les services dans la numérisation de l'économie française.

Par conséquent, l'expansion rapide du numérique a également induit une modification de l'organisation interne des entreprises en faveur des emplois numériques.

Conclusion

Les SIIN mêlés aux investissements en logiciels et bases de données façonnent la transformation numérique de la France.

Aussi, l'étude des emplois numériques dans la population active française laisse à penser que certains bouleversements organisationnels ont déjà été opérés en France. Les entreprises ont non seulement réorganisé leurs processus de production, mais elles ont également adapté certains profils de postes dans un environnement en perpétuel changement. Si la transformation des emplois s'opère clairement dans les entreprises françaises en faveur et sous l'effet du numérique [Insee, 2019], on peut se demander si elle n'est pas lente et si les chiffres obtenus ne sont finalement pas plus faibles qu'escompté.

En dépit du fait qu'elle est unanime, la révolution numérique que nous vivons depuis quelques années est encore difficilement perceptible dans les données dont nous disposons actuellement. Si les usages du numérique sont déjà bien visibles, il faut attendre l'actualisation des statistiques nationales et internationales pour mesurer pleinement et correctement le secteur numérique.

Repères bibliographiques

Adarov A. et Stehrer R., « Tangible and intangible assets in the growth performance of the EU, Japan and the US », *WIIW Research Report*, n° 442, 2019.

Commission européenne, *Digital Transformation Scoreboard 2018 – EU Businesses Go Digital : Opportunities, Outcomes and Uptake*, Publications Office of the European Union, Luxembourg, 2018.

Gaglio C. et Guillou S., « Des biens aux données : la numérisation des activités productives françaises », *in* OFCE, *L'Économie française 2019*, La Découverte, « Repères », Paris, 2018a.

Gaglio C. et Guillou S., « L'Europe numérique : entre singularités, faiblesses et promesses », *Revue de l'OFCE*, n° 158, 2018b.

Harrigan J., Resheff A. et Toubal F., « Techies, trade, and skill-biased productivity », *CEPII Working Paper*, n° 2018-21, 2018.

Insee, *L'Économie et la société à l'ère du numérique*, Insee Références, Paris, 2019.

OCDE, *La Prochaine Révolution de la production. Conséquences pour les pouvoirs publics et les entreprises*, OCDE, Paris, 2018.

OCDE, *The Future of Work. Employment Outlook 2019*, OCDE, Paris, 2019.

Stehrer R., Bykova A., Jäger K., Reiter O. et Schwarzhappel M., « Industry level growth and productivity data with special focus on intangible assets », *WIIW Report*, 2019.

Verdugo G., « Les nouvelles inégalités du travail. Pourquoi l'emploi se polarise ? », Blog de l'OFCE, 10 octobre 2017.

SECONDE PARTIE

Dossiers thématiques spécial Covid-19

1. « Croissance vulnérable » : impact de la Covid-19 sur l'économie française en 2020 et 2021

Hervé Péléraux, Mathieu Plane et Raul Sampognaro[1]

Depuis la prise de conscience fin février 2020 de la diffusion de l'épidémie de coronavirus hors de Chine, foyer initial de la pandémie, et la mise en place courant mars de politiques de confinement des populations dans le monde, le paradigme conjoncturel a radicalement changé avec l'intégration des répercussions de ce choc, inégalé en temps de paix, dans l'analyse et les prévisions économiques.

Un choc d'activité sans précédent

Dès la mi-mars 2020, les indicateurs d'activité fondés sur des données à « haute fréquence », c'est-à-dire disponibles selon une périodicité infra-mensuelle, témoignaient de la dégradation rapide de l'activité et de l'ampleur de sa chute à la suite de la mise en place du confinement à l'échelle nationale le 17 mars.

Les données sur la consommation d'électricité par exemple, en fort recul après la mise en place du confinement (– 15 % en mars par rapport à une situation normale, – 18 % en avril et – 15 % en mai), laissaient attendre des chutes mensuelles de la production industrielle inégalées sur la période d'après guerre [Heyer, 2020].

1 Ce texte a été rédigé par les trois auteurs mais reprend un travail collectif réalisé par Magali Dauvin, Bruno Ducoudré, Sabine Le Bayon, Éric Heyer, Pierre Madec, Hervé Péléraux, Mathieu Plane, Raul Sampognaro et Xavier Timbeau, *Revue de l'OFCE*, n° 168, 2020.

Dans le même temps, l'utilisation des données de transaction par carte bancaire fournissait des informations sur les comportements de consommation des ménages durant le confinement et permettait, en complément avec d'autres sources de données, d'approcher quasi instantanément l'ampleur du choc [Insee, 2020]. Les indicateurs habituels, comme les enquêtes de conjoncture à fréquence mensuelle conduites durant les trois premières semaines de chaque mois, n'ont pu quant à eux retracer la chute d'activité dès mars et ne sont pas parvenus à prendre la mesure du choc. Face à un choc très en dehors des intervalles habituellement observés, les enquêtes sont devenues inopérantes pour prévoir l'activité à un horizon court car le lien entre les données d'enquête et les comptes nationaux s'est altéré.

Comme le laissait pressentir l'évolution des indicateurs en temps réel, les comptes nationaux du premier trimestre publiés dès la fin avril 2020, puis ceux du deuxième trimestre à la fin juillet, ont concrétisé les effets économiques du confinement. Encore modérée au premier trimestre bien qu'ayant déjà atteint des niveaux historiques malgré seulement quinze jours de confinement sur cette période, la contraction apparaît dans sa pleine mesure au deuxième trimestre avec beaucoup de pays affichant une chute du PIB de plus de 10 %, dont la France avec un recul de – 13,8 %. Au total, sur le premier semestre 2020, la France (– 18,9 %) fait un peu mieux que l'Espagne (– 22,7 %) ou le Royaume-Uni (– 22,1 %), mais est bien plus affectée, avec l'Italie (– 17,6 %), que l'Allemagne (– 11,5 %) et les États-Unis (– 10,2 %) (graphique 1). En outre, il ne semble pas exister de déterminisme régional, avec l'absence de résultats comparables entre pays appartenant à des zones géographiques communes ou avec un niveau de développement similaire.

Ces disparités observées de l'effet de la pandémie et du confinement sur la croissance proviennent en premier lieu des chocs d'origine interne subis par les économies, avec la durée du confinement qui détermine le temps de mise en veille de l'activité ainsi que son intensité qui régit l'étendue des arrêts d'activité.

Elles dépendent aussi de la composition sectorielle de la valeur ajoutée et notamment du poids des services marchands, particulièrement touchés par le confinement, en particulier les secteurs à forte interaction sociale, comme les activités de loisir et culturelles ou la restauration. Elles s'expliquent aussi par le

Graphique 1. **Taux de croissance du PIB au premier semestre 2020**

En %

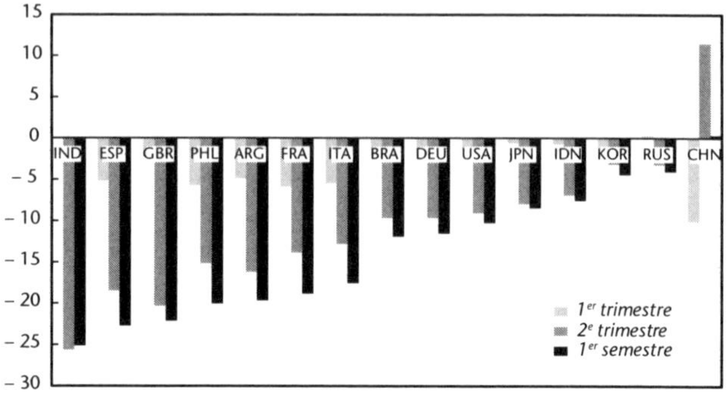

Sources : comptabilités nationales.

degré d'ouverture des pays et leur exposition différenciée aux chocs subis par leurs partenaires commerciaux, ainsi que par le poids du tourisme dans l'économie.

Elles peuvent enfin résulter des problèmes de construction des comptes nationaux dans le contexte de la crise de la Covid-19 et de la manière différenciée dont les instituts statistiques nationaux ont remédié aux difficultés inhérentes à cette situation inédite.

En particulier, le traitement de la production non marchande n'a pas été identique selon les pays. En effet, cette dernière est principalement estimée par la somme des coûts salariaux. La situation des employés des administrations publiques (APU) conservant leur salaire sans pouvoir se rendre physiquement à leur poste de travail et n'étant pas en télétravail s'apparente au chômage partiel pratiqué dans le secteur privé. Mais ces salaires versés n'ont pas de contrepartie en termes de production des administrations. Certains instituts ont donc réduit, sur la base d'estimations conventionnelles, la production des APU en volume, ce qui accroît les pertes de PIB en volume par rapport aux évaluations en valeur et produit ainsi une très forte hausse du déflateur du PIB. Ainsi, le PIB français a diminué de 15,7 % en valeur sur le premier semestre, soit 3,2 points de moins qu'en volume, ce qui réduit l'écart avec d'autres pays qui n'ont pas effectué cette correction, comme l'Allemagne par exemple. Toujours est-il que, dans un contexte devenu très incertain pour l'application des méthodes habituelles de la comptabilité nationale, les révisions ultérieures risquent de revêtir une ampleur jamais vue et de changer le tableau dépeint à l'heure actuelle par les comptes nationaux.

Des confinements progressifs et d'intensités différentes

Compte tenu de la multiplicité des mesures et leur nature qualitative, il est difficile de détailler l'ensemble des décisions prises et surtout d'exprimer leur intensité. Les chercheurs de l'université d'Oxford et de la Blavatnik School of Government ont construit un indicateur mesurant la rigueur des réponses gouvernementales [Hale *et al.*, 2020]. Cet indicateur tente de synthétiser les mesures de confinement adoptées dans 185 pays selon deux types de critères : d'une part, la sévérité de la restriction sur une échelle de 1 à 4 pour chaque mesure répertoriée (fermeture des écoles, des entreprises, limitation des rassemblements, annulation d'événements publics, confinement à domicile, fermeture des transports publics, restriction aux voyages domestiques et internationaux) ; d'autre part, le caractère local ou généralisé de chaque mesure dans un pays.

À partir de ces indicateurs, on peut juger de la sévérité des confinements par pays sous l'angle de la précocité de leur mise en œuvre et de la contrainte imposée par les mesures et leur généralisation (graphique 2).

Après les premières mesures de confinement adoptées par la Chine courant janvier, l'Europe est rapidement devenue l'épicentre de la pandémie, conduisant les pays à mettre en œuvre progressivement des dispositifs de restriction. L'Italie a été le premier pays développé à prendre de telles mesures : localement dès le 22 février avec des fermetures très contraignantes touchant environ 50 000 personnes, étendues le 8 mars aux régions de Lombardie et de Veneto, avant d'être généralisées à l'ensemble du pays dès le 10 mars. En France, le confinement instauré du 17 mars au 11 mai a été l'un des plus sévères au monde, avec ceux de l'Espagne et de l'Italie, situation qui les a placées en queue du peloton de leurs partenaires.

Les autres pays européens ont suivi tour à tour pour freiner la propagation du virus face à la saturation des capacités hospitalières. La sévérité des fermetures d'entreprises est restée faible en

Graphique 2. **Indices de sévérité des confinements**

Intensité maximale = 100

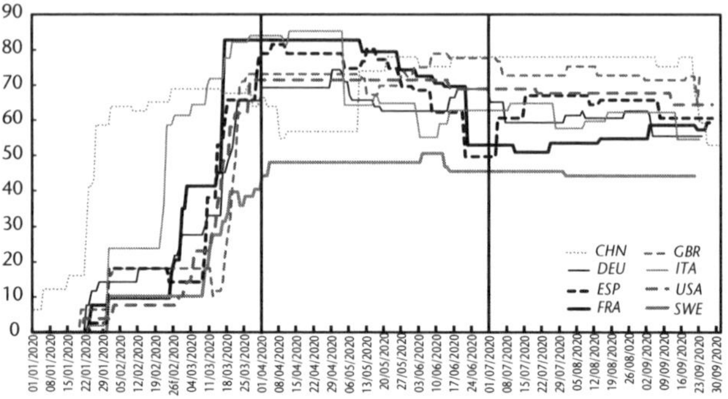

Source : Hale *et al.* [2020].

Allemagne (fermeture simplement recommandée). En revanche, la fermeture des écoles a été totale à partir du 18 mars. Les États-Unis ont aussi conduit un confinement plus souple avec l'absence de mesures généralisées au premier trimestre, même si ces dernières ont entraîné des fermetures totales des écoles et des entreprises non essentielles. Parmi les pays avancés, seule la Suède se distingue par l'absence de mesure forte de confinement.

À la fin septembre, les mesures de restriction se sont relâchées par rapport à leur sévérité au tournant du premier et du deuxième trimestre, en particulier en France. Mais force est de constater que la situation est loin d'être revenue à la normale, ce qui freine toujours les économies, même si les rebonds après les blocages pourront paraître spectaculaires. En France, l'indice de sévérité est reparti à la hausse depuis la mi-juillet, signe de la fragilité persistante de la situation épidémique.

Des ménages qui épargnent et des entreprises qui s'endettent

Sur l'ensemble du 1er semestre 2020, l'économie française a accusé un record historique de 116 milliards de pertes de revenu (tableau 1), ce qui correspond à près de 5 points de PIB annuel.

Sur la base des comptes d'agents trimestriels publiés par l'Insee, 54 % des pertes du premier semestre 2020 ont été encaissés par les APU, ce qui correspond à une dégradation des revenus de 63 milliards d'euros. Ces pertes sont liées aux effets des stabilisateurs automatiques mais aussi à la mise en place des dispositifs d'urgence pour éviter un effondrement de l'économie. Trois grands types de mesures ont été pris : certains visent à maintenir le pouvoir d'achat des ménages malgré les arrêts d'activité ; d'autres à l'intention des entreprises ont pour but de préserver l'outil de production ; il y a enfin des mesures spécifiques au secteur de la santé. Le déploiement du dispositif d'activité partielle a été massif. L'enveloppe initiale, évaluée à 8,5 milliards pour deux mois, a été fortement révisée pendant l'année pour atteindre 31 milliards d'euros. Par ailleurs, l'État et les régions ont mis en place un fonds de solidarité pour les très petites entreprises, les indépendants et les micro-entrepreneurs doté d'une enveloppe de 8,5 milliards d'euros pour prévenir les faillites et garantir aux indépendants un revenu assimilable au chômage partiel. Par ailleurs, des dispositifs seront créés ciblant des secteurs en difficulté (un plan automobile qui devrait entraîner l'ouverture de nouvelles lignes budgétaires pour 2,5 milliards d'euros, une exonération de cotisations sociales en faveur du secteur du tourisme pour 5 milliards d'euros). Outre les mesures de chômage partiel, les entreprises ont également bénéficié d'un ensemble de mesures de trésorerie permettant d'éviter la montée des faillites, que ce soient les prêts garantis par l'État (PGE) ou les reports de cotisations et d'échéances fiscales.

Tableau 1. **Évolution des comptes d'agents au 1er semestre 2020**

		Entr.	Ménages*	APU	Total
Valeur ajoutée	En %	– 14	– 6	1	**– 10**
Revenu disponible brut	En Mds d'euros	– 51	– 3	– 63	**– 116**
	Contrib. (en pts de %)	44	2	54	**100**
Épargne	En Mds d'euros	– 51	62	– 58	**– 47**

* y compris Entrepreneurs individuels (EI).

Sources : Insee, calculs des auteurs.

Malgré ces mesures d'urgence, les entreprises enregistrent plus de 50 milliards de pertes de revenu, contribuant à 44 % aux pertes globales. D'une part, un certain nombre de coûts fixes (paiement des locaux, machines et équipements, matériels de transport…) n'ont pas été compensés [Plane, 2020]. D'autre part, certains impôts payés par les entreprises sont peu sensibles à la conjoncture (impôts sur la production) ou s'ajustent avec un décalage (impôt sur les sociétés). Face à ces pertes historiques, de nombreuses entreprises, en manque de fonds propres, risquent de se trouver en situation de faillite. Même si un dispositif de renforcement de fonds propres a été mis en place par le gouvernement dans le cadre du plan de relance, sa faible dotation (3 milliards d'euros) ne devrait pas parvenir à contenir la forte augmentation attendue des faillites. En effet, celles-ci pourraient s'accroître de 80 % pour 160 000 emplois concernés (voir chapitre II.2). De nombreuses entreprises ont tenu financièrement grâce au recours massif aux PGE ou au report des paiements de cotisations et des échéances fiscales (acompte d'impôt sur les sociétés, taxe sur les salaires). En septembre 2020, les PGE représentaient 120 milliards d'euros et 98 % des montants alloués concernaient des TPE et PME. Les reports de cotisations sociales se montaient à 25 milliards d'euros, dont près de 90 % étaient pour les TPE et PME, et les reports d'échéances fiscales totalisaient 3 milliards. C'est donc près de 150 milliards de dettes bancaires et de dettes sociales et fiscales que les entreprises ont accumulées depuis le début du confinement. Si une partie des PGE n'a pas été consommée mais utilisée pour gonfler la trésorerie des entreprises, il n'en reste pas moins que ces dettes directement héritées de la crise sanitaire représentent environ 25 % de la valeur ajoutée annuelle des TPE et PME et la question de leur remboursement va être centrale pour la survie d'un certain nombre d'entreprises.

Enfin, les pertes de revenu au cours du premier semestre 2020 ont été contenues pour les ménages et se limitent à 3 milliards (2 % des pertes totales) malgré le chiffre record de plus de 800 000 emplois détruits. Les dispositifs d'urgence (activité partielle, fonds de solidarité pour les indépendants, aide exceptionnelle aux familles les plus modestes) et les stabilisateurs automatiques liés au système socio-fiscal expliquent cette perte de revenu relativement modérée. En revanche, au cours du premier semestre, sous la contrainte des mesures prophylactiques, les ménages ont réduit leur consommation de 65 milliards d'euros, soit une contraction d'environ 11 %. Ainsi les ménages ont, malgré la crise, accumulé une « épargne-Covid » de 62 milliards d'euros, qui vient s'ajouter à l'épargne réalisée chaque année. Pour le seul premier semestre, le taux d'épargne des ménages a ainsi atteint 24 % de leur revenu (contre 15 % en moyenne en 2019). La mobilisation de cette épargne est donc un enjeu majeur dans les trimestres à venir pour soutenir la reprise, à travers la consommation.

La prévision pour l'économie française en 2020

Les indicateurs de consommation des ménages ont montré un rebond cet été plus significatif qu'attendu, en particulier dans le secteur des biens, moins sur les services.

En effet, après avoir atteint – 65 % en avril, la consommation en biens fabriqués a rejoint dès le mois de juin un niveau supérieur à celui qui prévalait avant la crise de la Covid-19 (+ 3 % en moyenne sur juin-août), tirée par les biens d'équipement du foyer et les matériels de transport. En revanche, la consommation en services n'a pas connu le même rebond. Contraints par la gestion de la crise sanitaire et la limitation des déplacements internationaux, les services à forte interaction sociale ou liés à l'activité touristique étrangère ont connu un rebond limité cet été. C'est le cas du transport aérien dont la production était encore à – 52 % en juillet par rapport à l'avant-Covid, de l'hébergement-restauration à – 22 % (dont – 35 % pour le seul secteur de l'hébergement), – 75 % pour les activités des agences de voyages et – 34 % pour les activités liées aux « arts, spectacles et activités récréatives ».

Ainsi, sur la base de la dynamique observée depuis le déconfinement, nous avons identifié trois types de secteurs :

– les secteurs dont l'activité est peu impactée par la crise sanitaire pour les prochains trimestres : l'énergie, l'agroalimentaire, la construction, les activités financières et immobilières, les services aux entreprises et l'information-communication ;

– les secteurs qui bénéficieraient d'un rattrapage de consommation durant les prochains trimestres : les biens d'équipement du foyer, les matériels de transport et les autres produits manufacturés ;

– les secteurs dont la consommation est durablement impacté par la gestion de la crise sanitaire : l'hôtellerie-restauration,

Graphique 3. **Impact des mesures prophylactiques sur la consommation empêchée des ménages**

En % de la consommation totale territoriale

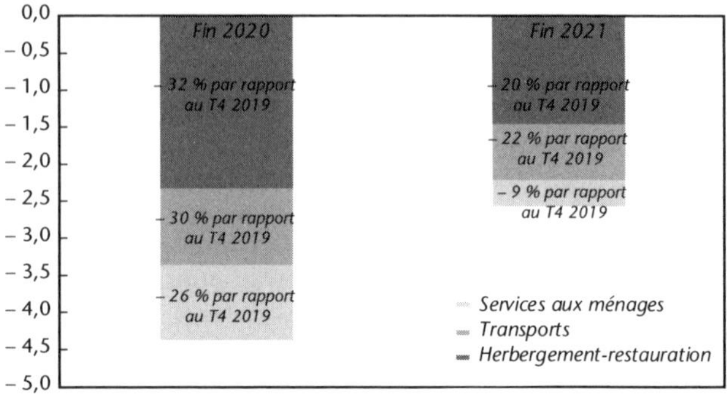

Sources : Insee, calculs des auteurs.

les services de transport et les services aux ménages. En cascade, le secteur du commerce subit les effets de la crise en lien avec la baisse de consommation.

En raison du durcissement depuis le début de l'automne des contraintes sanitaires sur les secteurs à forte interaction sociale, la part de consommation territoriale empêchée serait de 4,4 % fin 2020 (graphique 3). En supposant que, à la fin 2021, nous revenions à une situation sanitaire moins contrainte, semblable à celle de l'été 2020, avec un allègement des mesures prophylactiques, cette part chuterait à 2,6 points de PIB.

La balance commerciale de la France a été fortement affectée par la crise de la Covid-19. De – 1,2 % du PIB à la fin 2019, elle s'est dégradée à – 3,8 % du PIB au deuxième trimestre 2020, niveau jamais atteint depuis 1950. Cette perte de 2,6 points de PIB en un semestre comporte une composante conjoncturelle, dont une part s'explique par la forte augmentation des stocks durant cette période par le biais des importations. Selon nos calculs, la perte d'activité à l'horizon 2021 liée à la dégradation de la balance commerciale en raison de sa spécialisation sectorielle représenterait 1,2 point de PIB, principalement liée à la baisse des ventes d'Airbus et la chute du tourisme étranger[2].

Enfin, nous considérons que, pour la période allant du second semestre 2020 à la fin 2021, les effets sur l'offre de travail au niveau sectoriel sont marginaux et n'agissent pas sur l'activité au niveau macroéconomique. Cela veut dire que :

– le nombre de personnes ayant recours au dispositif « personnes vulnérables » a un impact très limité sur l'activité. Cela est valable depuis le décret du 29 août 2020 qui a fortement restreint les personnes éligibles en activité[3];

– le nombre de classes ou d'écoles fermées reste marginal ;

– le nombre de personnes ne pouvant pas travailler pour cas de Covid-19 avéré ou parce qu'elles sont « personnes contacts à risque » reste contenu[4].

Sur cette base, nous construisons un scénario par branche pour le second semestre 2020. Après avoir atteint – 18,9 % au deuxième trimestre 2020 (par rapport au quatrième trimestre 2019), le PIB de la France reviendrait à – 5 % au troisième et quatrième trimestre 2020 (tableau 2). Quatre branches voient encore leur situation particulièrement dégradée : les matériels de transport, l'hébergement-restauration, les services de transport et les services aux ménages. Pour ces trois dernières branches, en raison du durcissement des mesures prophylactiques depuis l'automne, leur situation se dégraderait au quatrième trimestre 2020 par rapport à celle du troisième trimestre. Sur l'ensemble de l'année 2020, le PIB de la France se contracterait de 9 %.

Croissance en 2021 et plan de relance

La trajectoire du PIB pour l'année 2021 dépend à la fois des dynamiques d'activité sectorielles sous les contraintes de la gestion sanitaire d'une part, et de l'impact du plan de relance sur l'économie d'autre part.

---

2 Pour information, la France a dégagé en 2019 un excédent commercial de 30 milliards d'euros sur le secteur « Aéronautique et spatial » et de 17 milliards sur le tourisme.

3 Avec l'ancien décret, jusqu'à 12 % des personnes actives ne pouvant pas télétravailler pouvaient être éligibles. Pour plus de détails, voir Jusot *et al.* [2020].

4 Selon le point épidémiologique du 1er octobre 2020 de Santé publique France, le nombre de cas de Covid-19 durant la semaine du 21 au 27 septembre 2020 était de 81 176 et le nombre de cas contacts à risque était de 210 854, soit 0,4 % de la population française.

Tableau 2. **Valeur ajoutée par branche (en volume) pour les quatres trimestres de 2020**

En %

	2020				2021*
	T1	T2	T3	T4	Moyenne
Agriculture	– 1	– 6	– 3	– 3	– 2
Industrie agroalimentaire	– 1	– 9	– 3	– 4	– 2
Cokéfaction et raffinage	– 7	– 1	– 5	– 5	– 3
Biens d'équipement	– 6	– 23	– 5	– 4	– 2
Matériels de transport	– 14	– 50	– 8	– 8	– 6
Autres branches industrielles	– 14	– 50	– 6	– 6	– 2
Énergie, eau, déchets	– 4	– 15	– 3	– 3	– 2
Construction	– 13	– 32	– 1	0	– 1
Commerce	– 7	– 20	– 4	– 3	0
Transport	– 8	– 28	– 10	– 11	– 8
Hébergement-restauration	– 14	– 53	– 17	– 25	– 17
Information-communication	– 3	– 9	– 3	– 2	– 1
Services financiers	– 3	– 8	– 3	– 3	– 1
Services immobiliers	– 1	– 3	– 1	– 1	0
Services aux entreprises	– 6	– 20	– 5	– 5	– 3
Services non marchands	– 4	– 17	– 3	– 3	– 1
Services aux ménages	– 9	– 36	– 12	– 19	– 10
Ensemble de l'économie	– 6	– 19	– 5	– 5	– 3

* hors effet du plan de relance

Source : prévisions OFCE.

Nous supposons ici que le durcissement des mesures prophylactiques reste limité aux secteurs à forte interaction sociale, et ce pendant une durée de six mois. Un durcissement des mesures sanitaires avec restriction des déplacements et impact sur l'offre de travail (confinements locaux, fermeture des écoles...) conduirait à un scénario plus négatif.

En 2021, la croissance du PIB devrait connaître un rebond progressif par l'effet de la dissipation des mesures sanitaires les

Graphique 4. **Niveau du PIB (en écart au quatrième trimestre 2019)**

En %

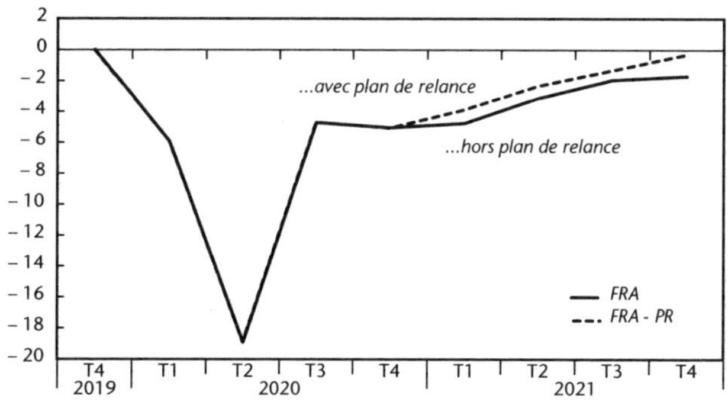

Sources : Insee, prévisions OFCE.

plus strictes décidées en 2020. Ce rebond serait néanmoins insuffisant pour récupérer le niveau de PIB et d'emploi d'avant Covid. En effet, hors plan de relance, le niveau d'activité attendu à la fin 2021 serait 1,7 % en dessous de son niveau du quatrième trimestre 2019 (graphique 4).

Pour faire face à la crise, le gouvernement a mis en place un plan de relance de 100 milliards d'euros. Selon nos évaluations, ce plan devrait mobiliser, en 2021, 32 milliards d'euros[5] de ressources (1,3 point de PIB), mais son impact sur le déficit serait plus faible car 17 milliards d'euros seront financés en 2021 par le plan de relance européen. Les nouvelles mesures en prélèvements obligatoires liées au plan de relance amputeraient les recettes publiques de l'ordre de 9 milliards d'euros, sous l'influence notable de la baisse des impôts sur la production. Le reste de l'impulsion budgétaire proviendrait des dépenses. En 2021, les principales mesures en dépenses du plan seraient :

5 Le gouvernement prévoit 37 milliards de mesures nouvelles pour 2021 dans le cadre du plan de relance. L'écart de 5 milliards avec notre évaluation correspond à la différence de chiffrage de l'activité partielle de longue durée pour 2021 et à une montée en charge différente des plans d'investissement.

l'activité partielle de longue durée[6] et le dispositif FNE-formation (4,3 milliards), les nouvelles dépenses liées au Ségur de la santé (1,4 milliard sur les 6 milliards prévus d'ici à 2026), le plan de rénovation thermique des bâtiments publics (2,3 milliards sur les 6,7 budgétés pour 2021-2022[7]), les actions pour l'emploi des jeunes (3,5 milliards sur les 6,6 pour la période 2020-2022), le surplus d'investissement dans les infrastructures de transport et l'aide à l'achat de véhicules propres (1,6 milliard sur les 4,5 milliards sur 2020-2021), le renforcement des fonds propres des PME-TPE (1,5 milliard sur 3), le financement de la stratégie hydrogène (+ 1 milliard), les mesures de soutien au secteur de la culture (+ 1 milliard), les mesures en faveur des territoires (+ 0,8 milliard) et le soutien aux personnes précaires (+ 0,7 milliard). Les autres mesures sont disséminées dans de nombreux programmes (qui vont des mesures sectorielles à la souveraineté technologique en passant par la biodiversité, l'économie circulaire, la transition agricole ou la mer) et représentent un peu plus de 5 milliards d'euros en 2021.

Pour évaluer l'impact de la politique budgétaire sur la croissance, il est nécessaire d'entrer dans le détail des mesures [Sampognaro, 2018]. L'hétérogénéité des effets multiplicateurs de chaque mesure fait que la composition de la politique budgétaire mise en œuvre joue un rôle premier pour expliquer son impact sur la croissance. Une proportion significative du plan de relance déployée en 2021 (38 %) sera concentrée sur un soutien, non ciblé, aux entreprises, en particulier à travers la baisse des impôts de production. Ces mesures, dans un contexte de forte incertitude, seront peu efficaces pour redynamiser l'investissement à court terme et auront un faible effet multiplicateur (évalué à 0,3 la première année). Si le plan de relance fait le pari de l'investissement public, seuls 25 % du plan pour 2021 seraient utilisés pour financer l'investissement public. Même si les multiplicateurs de l'investissement public sont élevés (proches de l'unité), la lenteur du lancement des projets explique un faible

6 Pour l'année 2021, au regard de nos prévisions d'activité et d'emploi, nous chiffrons le dispositif d'activité partielle de longue durée à 3,3 milliards sur 2021 alors que, dans le projet de loi de finances pour 2022, le gouvernement prévoit 6,6 milliards.

7 Nous supposons que, en raison des délais de démarrage des chantiers et des contraintes administratives, la répartition des travaux se fera à hauteur d'un tiers sur 2021 et de deux tiers sur 2022.

Graphique 5. **Impact du plan de relance sur le PIB selon 3 catégories de mesures**

En %

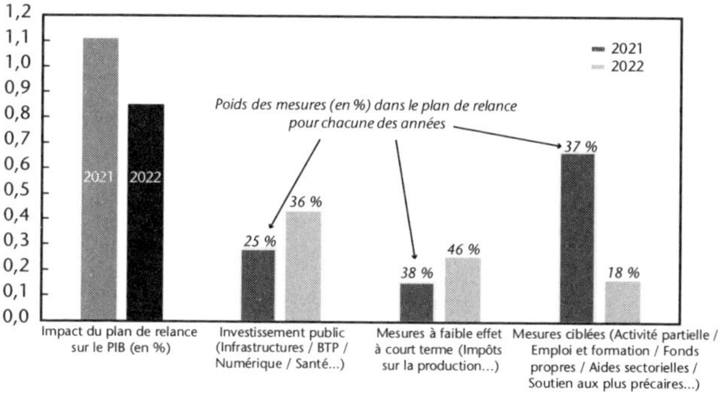

Sources : PLF 2021, prévisions OFCE.

surplus de croissance en 2021 lié à l'investissement public (graphique 5). Au contraire, l'activité partielle, les mesures en faveur de l'emploi, les mesures de renforcement des fonds propres, les aides sectorielles ou le soutien aux plus précaires joueront un rôle important pour soutenir les revenus des salariés et la situation financière des entreprises durablement affectées par les contraintes sanitaires et la modification des comportements des consommateurs. Ces mesures qui représentent 37 % du plan pour 2021, bénéficieront d'un fort effet multiplicateur.

Au total, le plan de relance améliorerait le PIB à hauteur de 1,1 % en 2021, ce qui correspond à un multiplicateur apparent de 0,8 (tableau 3). En 2022, les nouvelles mesures issues du plan de relance représenteraient 30 milliards d'euros (1,3 point de PIB) et auraient un impact de 0,9 point de PIB sur l'activité. Le multiplicateur budgétaire apparent serait en 2022 (soit 0,7) légèrement inférieur à celui de 2021. En revanche, le ciblage des mesures d'urgence (2,6 points de PIB) en 2020 sur l'activité partielle et les dispositifs d'aide aux PME-TPE en difficulté à travers le fonds de solidarité, les aides aux indépendants et les exonérations de cotisations sociales pour les secteurs les plus impactés

Tableau 3. **Le plan de relance (et d'urgence) et son impact sur le PIB**

	2020	2021	2022
Nouvelles mesures (en % du PIB)	2,6	1,3	1,2
Multiplicateur budgétaire moyen	1,3	0,8	0,7
Impact sur le PIB (en %)	3,4	1,1	0,9

Sources : PLF 2021, prévisions OFCE.

conduit à un multiplicateur de 1,3 sur l'année 2020. Le plan d'urgence aurait ainsi permis de réduire la chute d'activité de 3,4 points de PIB.

Sous l'impulsion du plan de relance, la croissance attendue pour 2021 serait de 7 % alors qu'elle ne serait que de 6 % hors plan de relance. À noter que le PIB de la France reviendrait fin 2021, à un niveau proche (– 0,3 %) de celui de fin 2019. Cela ne veut pas pour autant dire que l'économie française aura comblé ses pertes. En effet, en supposant une croissance potentielle de 1,2 % (qui est celle qui prévalait avant Covid), la perte d'activité estimée par rapport à ce potentiel serait encore de – 2,7 points de PIB fin 2021, malgré le plan de relance.

Forte hausse de la dette publique attendue

Avec deux années consécutives d'action publique massive, les agrégats de finances publiques devraient se dégrader fortement. Pour 2020, le déficit public atteindrait – 8,9 % du PIB[8] (après – 3,0 % en 2019), un maximum historique depuis que les comptes nationaux existent. L'ampleur du plan de soutien contribuerait à expliquer 2,6 points de PIB de déficit.

En 2021, le déficit public s'établirait à – 6,2 % du PIB. Si le solde s'améliore à la faveur du rebond de l'activité (le solde conjoncturel s'améliorerait de 3,7 points) et de la réduction massive des mesures d'urgence (contribuant à une amélioration du solde public de 2,5 points de PIB), le solde structurel se dé-

8 La différence de prévision de déficit avec le gouvernement (– 10,2 % du PIB en 2020 et – 6,7 % en 2021) provient principalement d'une croissance du PIB nominale moins négative dans notre prévision ainsi que de mesures budgétaires issues du plan d'urgence et de relance moins élevées.

graderait de 2,5 points de PIB en 2021, atténuant la résorption du déficit.

Dans ce contexte, la dette publique devrait augmenter fortement. Après plusieurs années frôlant la barre des 100 % du PIB, elle atteindrait 114 % en 2020 et 113 % en 2021. La crise de la Covid-19 devrait donc avoir un impact immédiat sur la dette publique de plus de 15 points de PIB.

Repères bibliographiques

HALE T. *et al.*, *Oxford Covid-19 Government Response Tracker*, Blavatnik School of Government, 2020.

HEYER E., « Quelle est l'ampleur du ralentissement industriel après 15 jours de confinement ? Une analyse à partir de la consommation d'électricité en France », Blog de l'OFCE, 10 avril 2020.

INSEE, « Que disent les données de production et de consommation d'électricité sur l'activité économique en période de confinement ? » et « Que disent les données de transaction par carte bancaire sur l'évolution récente de la consommation des ménages ? », *Point de conjoncture*, 7 mai 2020.

JUSOT F. *et al.*, « Les "vulnérables" à la Covid-19 : essai de quantification », *Policy Brief de l'OFCE*, n° 74, juin 2020.

PLANE M., « Covid-19 et entreprises : comment éviter le pire », Blog de l'OFCE, 29 mai 2020.

SAMPOGNARO R., « Les effets de la politique budgétaire depuis 2008 dans six économies avancées », *Revue de l'OFCE*, n° 155, 2018.

2. Impact économique de la pandémie de Covid-19 sur le marché du travail et l'emploi en France

Bruno Ducoudré et Pierre Madec

La pandémie de Covid-19 a eu un impact majeur sur le marché du travail et l'emploi en 2020 : chute de l'activité économique, travailleurs empêchés de se rendre sur leur lieu de travail, recours massifs au télétravail et à l'activité partielle, fermeture des écoles, personnes vulnérables à la Covid. Mais la pandémie ne s'est pas arrêtée une fois terminé le confinement et ses effets vont perdurer en 2021. De fait, la reprise de l'activité économique ne permettrait pas d'absorber rapidement les pertes d'emplois enregistrées au premier semestre 2020 (– 794 000 emplois). D'un côté, le plan de relance soutiendrait l'activité et les créations d'emplois *via* les mesures sur l'emploi (prime à l'embauche des jeunes et dispositifs d'emplois aidés), de l'autre, l'activité resterait durablement déprimée dans certains secteurs du fait de la pandémie et des mesures prophylactiques prises pour ralentir la diffusion du virus (fermetures administratives, diminution des capacités d'accueil dans les bars-restaurants, les activités récréatives, de sport et de loisir, les transports, chute du tourisme). *In fine*, du fait des destructions d'emplois anticipées au second semestre 2020 (– 50 000 emplois) et de trop faibles créations prévues durant l'année 2021 (+ 510 000 emplois,) seuls deux tiers des pertes d'emplois enregistrées au premier semestre 2020 seraient comblées fin 2021. Dans ce chapitre, nous revenons sur les effets massifs de la pandémie sur le marché du travail : nous analysons l'impact du confinement sur le travail et l'emploi, et les perspectives d'emploi et de chômage en 2020-2021.

Le confinement : l'emploi et le travail chamboulés

Durant la période de confinement, de nombreux salariés ont été empêchés de travailler, soit parce qu'ils devaient garder leurs enfants, soit parce qu'ils travaillaient dans un secteur « non essentiel » et touché par les fermetures administratives, soit parce que leur entreprise a été contrainte de réduire le volume d'heures travaillées du fait de la chute d'activité ou pour cause de maladie. Combien de travailleurs ont-ils été affectés ?

Fermeture des commerces et restaurants en France : quel impact sur l'emploi ?

L'arrêté du 14 mars 2020 portant diverses mesures relatives à la lutte contre la propagation du virus SARS-CoV-2 a acté la fermeture de nombreux commerces. Restaurants, magasins d'habillement, d'informatique ou de loisir, théâtres, cinémas ou encore musées sont autant de lieux accueillant du public qui ont dû fermer. Au total, plus de 1,8 million de salariés ont été directement impactés et 330 000 indépendants ont vu leurs commerces fermés administrativement [Ducoudré et Madec, 2020]. Les TPE sont les premières à subir les effets des fermetures puisqu'elles concentrent à elles seules plus d'un tiers des emplois impactés, soit deux fois leur part dans l'emploi total. Ainsi, plus d'un tiers des emplois concernés y sont recensés alors qu'elles ne représentent que 16 % de l'emploi total. De même, les femmes occupent 58 % des emplois concernés, soit 10 points de plus que leur part dans l'emploi total. Enfin, à l'image de la forte densité commerciale des zones urbaines les plus peuplées, près de la moitié des emplois impactés sont des emplois se trouvant dans des zones urbaines de plus de 500 000 habitants.

Avec 600 000 salariés et 120 000 non-salariés impactés, le secteur de la restauration dite traditionnel (hors restauration rapide notamment) est le secteur le plus touché par la fermeture administrative. Le secteur du commerce de détail (hors automobile et alimentaire) est le deuxième secteur le plus touché avec 530 000 salariés et 130 000 non-salariés empêchés de travailler. Au sein de ce dernier, le secteur de l'habillement est celui comptant le plus d'emplois touchés (170 000) suivi des grandes surfaces de bricolage (65 000) ou d'ameublement (50 000).

Combien de télétravailleurs potentiels en France ?

À partir de l'enquête Emploi en continu de l'Insee, nous avons tenté d'identifier au sein des 528 professions qui y sont décrites celles pouvant faire l'objet d'une mise en place du télétravail. Bien évidemment, cette évaluation ne tient compte ni des contraintes propres à chaque entreprise ni de la volonté des salariés (ou des entreprises) d'adhérer à la pratique. Elle permet néanmoins de fournir des ordres de grandeur. Selon cette première estimation, 7,9 millions d'emplois salariés, soit 33 % des emplois salariés, et 400 000 non salariés (14 %) pourraient être concernés par la mise en place du télétravail (hors commerces fermés). Logiquement, la généralisation du télétravail devrait avoir un impact très différent selon les catégories socioprofessionnelles. Si les cadres devraient pouvoir le pratiquer facilement, cela semble être difficile pour les ouvriers et de nombreux employés.

Fermeture des écoles : quel impact sur l'emploi en France ?

À partir du 16 mars, l'ensemble des crèches et des établissements scolaires de France ont été fermés. Au total, 12 millions d'enfants ont été concernés. Dès lors, plusieurs solutions s'offraient aux parents. S'ils pouvaient travailler à distance, ils devaient privilégier cette option. Dans le cas contraire, leur employeur pouvait enclencher une demande visant à les faire bénéficier d'un « arrêt de travail pour garde d'enfants ».

À partir de l'enquête Emploi en continu de l'Insee, nous avons quantifié le recours potentiel à ce dispositif. Pour les familles monoparentales, si le parent isolé ne peut pas télétravailler, s'il n'est pas concerné par une fermeture administrative ou s'il n'appartient pas au personnel soignant pour qui sont mis en place des modes de garde alternatifs, nous le considérons éligible à l'arrêt de travail. Cela aurait concerné 430 000 familles monoparentales. Pour les couples, les conditions décrites précédemment doivent être vérifiées pour l'ensemble des deux membres. Autrement dit, aucun des membres du couple ne doit pouvoir télétravailler ou être touché par la fermeture des commerces. De même, aucun des deux ne doit appartenir au corps médical. Évidemment, les deux membres du couple doivent être des actifs occupés. Sous ces hypothèses, ce sont 1,1 million de couples avec enfant(s) qui auraient été dépourvus de mode de garde du fait de la fermeture des écoles et des modes de garde. Au total, plus de 1,5 million de personnes en emploi ont en théorie été touchées par la fermeture des écoles. En termes de catégories socioprofessionnelles, les professions intermédiaires, les employés non qualifiés et ouvriers qualifiés représenteraient sans surprise le gros des effectifs puisqu'ils ne peuvent recourir que difficilement au télétravail. Du côté sectoriel, les secteurs « administration publique, enseignement, santé humaine et action sociale » et « commerce » auraient été les principaux touchés.

Les ajustements de l'emploi (2020-2021)

Durant le confinement, le flux des embauches a été empêché dans certains secteurs, tandis que les contrats courts arrivaient pour partie à échéance, ce qui s'est traduit par une asymétrie sur le marché du travail : des contrats se sont terminés, des salariés ont quitté leur entreprise (départ à la retraite, changement d'emploi décidé avant le confinement, fin de préavis...), mais n'ont pas été remplacés. Face à l'incertitude, les projets de recrutement ont été repoussés. Quelles ont été les conséquences sur l'emploi ? Dans le même temps, afin d'éviter les destructions d'emplois, soutenir les entreprises et le revenu des ménages, et permettre aussi une reprise rapide de l'activité, le gouvernement a mis au cœur de sa stratégie de réponse à la crise le dispositif de chômage partiel (dit d'« activité partielle »), destiné aux salariés du secteur privé. Comment fonctionne le dispositif ? A-t-il été efficace ? Quel est son coût pour les finances publiques ?

L'ajustement du marché du travail pendant le confinement concentré sur les plus précaires

Durant le confinement, on a assisté à un ajustement très rapide et très violent de l'emploi à l'activité. Dès la seconde quinzaine du mois de mars, les entreprises ont massivement mis fin aux missions d'intérim et n'ont pas renouvelé les contrats à durée déterminée. L'emploi intérimaire a ainsi baissé de 424 000 fin avril 2020 par rapport à fin décembre 2019, les deux tiers de l'ajustement ayant lieu dans l'industrie et la construction, et le taux d'emploi en CDD/intérim a baissé de 1,2 point au deuxième trimestre 2020. En moyenne, sur ce trimestre, l'emploi intérimaire a chuté de 265 000 par rapport au quatrième trimestre 2019, soit un tiers de l'ajustement total de l'emploi salarié (voir tableau 1). L'ajustement a été très marqué dans la construction, avec l'arrêt d'une grande partie des chantiers au moment du confinement (– 83 % d'emplois intérimaires fin avril 2020 par rapport à fin décembre 2019), suivi d'une reprise rapide en sortie de confinement. Cette dernière s'est ainsi traduite par une réembauche des intérimaires, mais dans une moindre mesure : 64 % de l'emploi intérimaire détruit à fin avril avait été recréé fin juillet 2020. Cet ajustement particulièrement violent de l'emploi a principalement touché les jeunes et les moins diplômés (voir encadré). En contrepoint, l'activité partielle a permis de protéger les salariés en contrat à durée indéterminée et en CDD longs en faisant porter l'ajustement sur les heures travaillées de ces salariés plutôt que sur le niveau d'emploi.

Encadré 1. Les salariés vulnérables à la Covid-19

En France, l'entame d'une sortie du confinement depuis le 11 mai s'est accompagnée de préconisations visant à réduire les contacts pour les populations dites « vulnérables », c'est-à-dire à risque accru de forme grave de Covid-19 en raison de leur âge ou de leurs pathologies. Ainsi, le décret du 5 mai 2020 définit la « vulnérabilité » au sens de l'article 20 de la loi du 25 avril 2020, c'est-à-dire comme pouvant donner droit au dispositif d'activité partielle

Selon nos estimations, en excluant les critères liés à l'âge, la France métropolitaine compte 12,6 millions de personnes vulnérables, soit 24 % de la population au titre du décret du 5 mai 2020. Même si la prévalence des pathologies à risque est liée à l'âge, elle reste importante aux âges actifs et même si un nombre important de personnes vulnérables sont hors de l'emploi, en raison de leur âge, mais aussi de la sélection par la santé dans l'emploi, ce sont 4,8 millions de personnes vulnérables qui occupent un emploi, soit 17,5 % des personnes en emploi [Jusot *et al.*, 2020]. Si la pratique du télétravail est théoriquement possible pour certains de ces travailleurs, 3,5 millions d'actifs occupés répondraient aux critères de vulnérabilité sans possibilité de travailler à distance dont 2,8 millions de salariés. Selon nos estimations, sous l'hypothèse que l'ensemble des salariés éligibles à l'activité partielle pour vulnérabilité y recoure, et sous l'hypothèse que ces derniers ne soient pas déjà en activité partielle pour cause de baisse de l'activité de leur entreprise, l'indemnisation des 2,8 millions de salariés concernés coûterait 2,8 milliards d'euros par mois à l'État et l'Unedic et 400 millions d'euros aux entreprises.

Le 29 août 2020, une nouveau décret paru au *Journal officiel* réduisait drastiquement la précédente définition de la « vulnérabilité » liée à la Covid-19. Selon les premières estimations, le nombre de salariés éligibles à ces nouvelles conditions ne dépasserait pas 700 000. Le nombre de salariés éligibles à l'activité partielle pour cause de vulnérabilité aurait donc été divisé par quatre entre fin avril et fin août.

Tableau 1. **Évolution de l'emploi salarié et de l'emploi intérimaire depuis fin 2019**

En milliers

	Emploi intérimaire		Emploi salarié
	T4 2019*	**T2 2020****	**T2 2020****
	Niveau	Variation p/ à 2019T4	Variation p/ à 2019T4
Total branches	788	– 265	– 794
Agriculture	3	0	– 2
Industrie	444	– 176	– 132
Construction	159	– 70	– 78
Serv. pplt marchands	319	– 86	– 535
Serv. pplt non marchands	23	– 3	– 47

* Niveau de l'emploi intérimaire en milliers en moyenne au quatrième trimestre 2019.
** Variation par rapport au quatrième trimestre 2019.

Sources : Insee, Dares, calculs des auteurs.

Le dispositif d'activité partielle : la rétention de main-d'œuvre à tout prix

Le gouvernement a mis le dispositif de chômage partiel (dit d'« activité partielle ») au cœur de sa stratégie de réponse à la crise. D'après les dispositions prises par le ministère du Travail, l'activité partielle s'adresse aux salariés subissant une baisse de rémunération due soit à une réduction de l'horaire de travail, pratiqué dans l'établissement en deçà de la durée légale de travail, soit à une fermeture temporaire de l'établissement. De manière générale, tous les salariés soumis au code du travail sont éligibles au dispositif, quel que soit leur type de contrat de travail. *A contrario*, ne sont pas éligibles les travailleurs non salariés (un fonds d'indemnisation leur a été destiné) et les fonctionnaires. À compter du 1er mai 2020, les salariés placés en arrêt maladie pour garde d'enfants sont intégrés au dispositif d'activité partielle.

Un dispositif qui évolue rapidement

Pour chaque heure de chômage partiel déclarée, l'entreprise indemnise le salarié à hauteur de 70 % de son salaire brut au minimum, soit environ 84 % du salaire net. L'indemnité horaire ne peut toutefois pas être inférieure au SMIC net horaire, soit 8,03 euros (excepté pour les contrats de professionnalisation et d'apprentissage). L'État et l'Unedic indemnisent l'entreprise à hauteur de 70 % du salaire brut par heure de chômage partiel déclarée (100 % au niveau du SMIC). Si l'entreprise décide de compenser

Encadré 2. Les contrats courts, principales victimes de la crise économique

Les destructions d'emplois durant la période de confinement intervenues pour une grande part *via* un ajustement des contrats courts (CDD, intérim) reflètent la flexibilité accrue du marché du travail ces dernières décennies *via* le développement massif du recours aux contrats courts. En exploitant l'enquête Emploi en continu de l'Insee, il est possible de caractériser ces salariés en contrats courts (tableau 2). Les actifs occupés de moins de 25 ans, non éligibles au RSA, représentent plus du quart du contingent des contrats courts contre 14 % de l'emploi total. Ils représentent de plus 19 % des salariés en période d'essai, potentiellement touchés par la chute brutale de l'activité. De même, plus de la moitié des contrats (55%) sont occupés par des salariés ayant un niveau de diplôme inférieur au bac. Si les femmes sont plutôt sous-représentées, les temps partiels représentent quant à eux près d'un contrat court sur cinq. Pour les salariés en contrat court à temps plein, leur salaire net annuel était en moyenne 6 800 euros inférieur à celui observé en France métropolitaine en 2016.

Tableau 2. **Caractéristiques des actifs occupés selon leur statut professionnel**

En %

	Salariés...			Fonction publique et assimilés	Non-salariés	Total
	en contrats courts	en période d'essai	du secteur privé hors contrats courts et période d'essai			
Part (en %) :						
– des moins de 25 ans	26	19	10	5	2	14
– des diplômés < bac	55	24	40	31	33	37
– des femmes	39	44	47	63	34	48
– des temps partiels	20	14	17	19	16	18
Salaire annuel moyen (temps complet), en euros	18 500	26 900	24 900	26 200	25 400	25 200

Sources : enquête Emploi en continu 2018, Insee et enquête Revenus fiscaux et sociaux 2016, Insee, calculs des auteurs.

au-delà de 70 % du salaire brut la rémunération de ses salariés, ce complément n'est pas soumis à cotisations sociales. Avant le confinement, le dispositif consistait à une indemnisation forfaitaire s'élevant au 1er janvier 2020 à 7,74 euros par heure dans les entreprises employant jusqu'à 250 salariés (7,23 euros par heure dans les entreprises à partir de 251 salariés). Pour faire face aux conséquences de la crise sanitaire, le dispositif a donc été considérablement étendu. Afin d'inciter les entreprises à en sortir, tout en soutenant les secteurs durablement affectés par la crise sanitaire, le gouvernement a d'un côté décidé une baisse du taux de prise en charge par l'État et l'Unedic (60 % du salaire brut à partir du 1er juin 2020). De l'autre, il a créé un dispositif d'activité partielle longue durée (APLD), soumis à accord collectif et qui plafonne la durée d'activité partielle à 40 % du temps de travail sur une période pouvant s'étendre sur vingt-quatre mois, avec un taux de prise en charge de 70 % du salaire brut. Enfin, une liste des secteurs touchés par les restrictions liées aux mesures prophylactiques conserve une prise en charge par l'État et l'Unedic à son maximum (hôtels, restaurants, cinémas, transports, clubs de sport…) au moins jusqu'au 31 décembre 2020.

Un recours massif des entreprises au dispositif

Les entreprises ont largement recouru au dispositif d'activité partielle durant le confinement. En moyenne, au deuxième trimestre 2020, 16,5 % des salariés auraient été placés en activité partielle – soit l'équivalent de 4,2 millions de salariés travaillant en moyenne 27 heures par semaine –, principalement dans l'hébergement-restauration, les matériels de transport, la construction, les services de transport et le commerce. Le nombre d'heures d'activité partielle indemnisables est estimé par la Dares à 2,1 milliards d'heures entre mars et août 2020. Compte tenu de nos prévisions de recours au dispositif, ce total d'heures s'élèverait à 2,3 milliards en 2020 pour un coût de 24,4 milliards d'euros et 330 millions d'heures en 2021 pour un coût de 3,2 milliards d'euros, y compris APLD. Ces estimations ne portent que sur les montants d'indemnisation versés par l'État et l'Unedic aux entreprises, et n'intègre pas les pertes de cotisations sociales et de CSG [Dauvin *et al.*, 2020]. *In fine*, le dispositif soutiendrait largement le revenu des ménages en 2020 et sauvegarderait massivement l'emploi en diminuant le coût de la crise porté par les entreprises.

Le plan de relance en soutien de l'emploi

En septembre 2020, le gouvernement a présenté son plan de relance, qui concentre notamment des mesures favorables à l'emploi, à l'insertion et à la formation professionnelle sur la période 2020-2022, pour environ 15 milliards d'euros. Ce plan inclut des entrées supplémentaires en contrats aidés (1,5 milliard d'euros), des mesures pour l'alternance (2,4 milliards d'euros), la formation (1,5 milliard d'euros) ou encore une prime à l'embauche des jeunes (1,1 milliard d'euros) et 6,6 milliards d'euros de dépenses pour la prise en charge de l'activité partielle en 2021. Nous estimons que ces mesures auraient un effet net

Encadré 3. Quels effets sur l'emploi de la prime à l'embauche des jeunes ?

Face à la crise sanitaire et à la chute de l'emploi, le gouvernement a élaboré un plan de relance intégrant une mesure spécifique visant à favoriser l'embauche des jeunes de moins de 26 ans. La mesure consiste en une prime forfaitaire pouvant atteindre 4 000 euros sur un an pour l'embauche d'un jeune de moins de 26 ans en CDI ou en CDD d'au moins trois mois entre le 1er août 2020 et le 31 janvier 2021, avec un salaire brut inférieur à 2 000 euros. La prime est calculée au prorata de la durée effective du contrat et de la durée hebdomadaire de travail (50 % de la prime, soit 2 000 euros pour un an à mi-temps ou six mois à plein temps par exemple). Pour ce faire, le gouvernement a prévu une enveloppe de 1,1 milliard d'euros dans son plan de relance au titre du financement du dispositif.

L'effet attendu du dispositif serait temporairement positif sur l'emploi, *via* la baisse de coût du travail engendrée par la prime. Au niveau du SMIC, la prime correspond à une baisse du coût du travail équivalente à 22 % du SMIC brut. Cet effet pourrait toutefois être minoré par l'existence d'un effet d'aubaine (certaines embauches auraient eu lieu sans l'existence du dispositif) et une possible substitution de l'embauche d'un salarié de plus de 26 ans par l'embauche un salarié de moins de 26 ans. Une consommation intégrale de l'enveloppe budgétaire consacrée à la mesure correspondrait à 400 000 contrats signés, avec un effet sur l'emploi maximal au premier trimestre 2021 (+ 44 000 emplois) pour une élasticité de l'emploi à son coût de 0,7. Celle-ci est plus faible que celle rapportée dans la littérature [L'Horty *et al.*, 2019] évaluée à 1,5 au début des années 2000, ce qui viendrait minorer l'effet total de la prime sur l'emploi. Ce choix est justifié par le fait que l'empilement des dispositifs de baisse du coût du travail depuis l'apparition des premiers allègements de cotisations sociales employeurs en 1993 pourrait avoir abaissé la sensibilité de l'emploi à son coût. Le pic d'embauches pourrait aussi être temporairement plus élevé juste avant la fin du dispositif, les entreprises ayant intérêt à avancer leurs embauches pour bénéficier du dispositif. Le nombre d'embauches retomberait fortement juste après la fin du dispositif.

sur les créations d'emplois positif en 2020 (+ 55 000 emplois au quatrième trimestre 2020 en glissement annuel) et en 2021 (+ 45 000 emplois au quatrième trimestre 2021 par rapport au quatrième trimestre 2020), auquel il faut ajouter les 97 000 emplois maintenus grâce à l'activité partielle en 2021 pour un coût estimé de 3,2 milliards d'euros (soit la moitié environ de ce qui est budgété dans le plan de relance).

L'emploi durablement marqué par la crise

Sous l'hypothèse que les mesures prophylactiques pèseraient sur l'activité économique durant toute l'année 2021, la sortie du confinement et la reprise de l'activité économique ne permettraient pas de recréer rapidement l'ensemble des emplois détruits au moment du confinement : la reprise de l'activité est progressive et, malgré le soutien apporté par le plan de relance à l'activité, l'économie française ne retrouverait pas son niveau d'activité de fin 2019 avant la fin d'année 2021. En conséquence, l'emploi resterait dégradé fin 2020 (– 749 000 emplois salariés et – 90 000 emplois non salariés par rapport au quatrième trimestre 2019), principalement dans les branches marchandes. La contraction de l'activité sur l'année aurait pour conséquence une baisse de la population active *via* un effet de flexion (des chômeurs découragés cessent temporairement

Tableau 3. **Emploi et chômage en 2020-2021 par rapport au T4 2019**

En milliers, au quatrième trimestre

	2020	2021
Emploi salarié	**- 749**	**- 298**
Agriculture	- 11	- 10
Industrie	- 128	- 128
Construction	- 2	18
Serv. pplt marchands	- 604	- 219
Serv. pplt non marchands	- 4	41
Emploi non salarié	**- 90**	**- 31**
Population active	- 30	78
Nombre de chômeurs	**810**	**407**
Taux de chômage (en %, au 4e trimestre)	**11,0**	**9,6**

Source : prévisions OFCE, octobre 2020.

de chercher du travail). Au total, le nombre de chômeurs augmenterait de 810 000 sur l'année 2020 et le taux de chômage atteindrait 11 % en fin d'année (voir tableau 3).

En 2021, l'économie française recréerait des emplois (+ 510 000 emplois au total, dont 451 000 emplois salariés), mais ne retrouverait pas les niveaux d'emploi observés avant la crise. L'emploi dans l'industrie et l'agriculture resterait pénalisé par une activité progressant à peine suffisamment pour absorber les gains de productivité : aux gains de productivité tendanciels s'ajouterait une fermeture du cycle de productivité avec la reprise de l'activité. L'emploi serait plus dynamique dans la construction, bénéficiant des mesures du plan de relance à l'activité dans cette branche. Dans les services marchands, les créations d'emplois seraient tirées principalement par la reprise de l'activité dans le commerce et les services aux ménages. Enfin, les contrats aidés dans le secteur non marchand soutiendraient l'emploi salarié dans cette branche.

La reprise de l'activité en 2021 se traduirait pour partie par un retour des chômeurs découragés (+ 45 000 personnes), ce qui soutiendrait la croissance de la population active (+ 107 000 personnes en 2021) au-delà de son évolution tendancielle (+ 60 000 personnes). Le chômage baisserait de 403 000 personnes et le taux de chômage atteindrait 9,6 % de la population active fin 2021, soit 1,5 point supérieur à son niveau observé fin 2019.

Repères bibliographiques

Dauvin M., Ducoudré B., Heyer É. *et al.*, « Évaluation au 26 juin 2020 de l'impact économique de la pandémie de la Covid-19 et des mesures de confinement et du déconfinement en France », *Revue de l'OFCE*, n° 166, 2020.

Ducoudré B. et Madec P., « Évaluation au 6 mai 2020 de l'impact économique de la pandémie de Covid-19 et des mesures de confinement sur le marché du travail en France », *Policy Brief de l'OFCE*, n° 67, mai 2020.

Jusot F. *et al.*, « Les "vulnérables" à la Covid-19 : essai de quantification », *Policy Brief de l'OFCE*, n° 74, juin 2020.

L'Horty Y., Martin P. et Mayer T., « Baisses de charges : stop ou encore ? », *Note du CAE*, n° 49, janvier 2019.

3. Dynamique des défaillances d'entreprises en France et crise de la Covid-19[1]

Mattia Guerini, Lionel Nesta, Xavier Ragot et Stefano Schiavo

La crise de la Covid-19 représente un choc inédit sur l'économie française et mondiale. La chute brutale de la consommation et de l'investissement, le nécessaire confinement puis le déconfinement progressif représentent à la fois des contraintes de débouchés (choc de demande) et des contraintes de production (choc d'offre). Face à un tel choc économique, la chute brutale des carnets de commandes peut pousser des entreprises pourtant efficaces vers la faillite.

Pour les seize semaines de confinement puis de déconfinement, la perte de produit intérieur brut représente 165 milliards d'euros [Dauvin *et al.*, 2020]. La chute du revenu disponible brut des ménages est en grande partie compensée par les dispositifs publics, comme l'activité partielle et le fonds de solidarité, qui conduisent à un endettement important des administrations publiques. Cette compensation est plus partielle encore pour les entreprises. La perte de valeur ajoutée des entreprises est estimée à 42 % pour les société non financières et les sociétés financières pour les seules huit semaines de confinement.

L'objet de ce chapitre est d'étudier l'érosion prévisible du tissu productif français du fait de la récession induite par la Covid-19

1 Ce chapitre est inspiré du *Policy Brief de l'OFCE*, n° 73, juin 2020. Ce travail a bénéficié d'une aide de l'État gérée par l'Agence nationale de la recherche au titre du programme Investissement d'avenir portant la référence ANR-10-EQPX-17 (Centre d'accès sécurisé aux données – CASD). Mattia Guerini a reçu un financement du programme de recherche et d'innovation Horizon 2020 de l'Union européenne dans le cadre de la convention de subvention Marie Sklodowska-Curie n° 799412 (ACEPOL).

et les mesures sanitaires associées. Nous analysons la fragilisation du tissu productif en termes de proportion d'entreprises faisant face à des problèmes de liquidité et de solvabilité. Cette analyse se fonde sur un modèle de microsimulation présenté ci-après.

La simulation

L'exercice consiste à doter les entreprises de règles de comportement face à des chocs négatifs ou positifs de demande. Face à ces chocs, l'entreprise adapte l'utilisation de ses facteurs de production afin de satisfaire la demande. La simulation se fonde sur un scénario à une vague, avec un choc négatif initial de la demande puis un rappel d'abord important en juillet puis progressif après septembre. La réduction initiale de l'activité est très hétérogène suivant les secteurs, pouvant atteindre 98 % dans le secteur de l'hébergement et de la restauration ou encore 13 % dans l'agriculture [OFCE, 2020].

Dans la littérature récente visant à évaluer l'effet de la crise pandémique sur les faillites d'entreprises, nous avons identifié deux stratégies de simulation. La première modélise le comportement de l'entreprise en limitant sa capacité à adapter l'usage de ses ressources à l'évolution de ses ventes. Dans ces modèles dits d'ajustement partiel [Schivardi et Romano, 2020 ; OCDE, 2020], à la suite du choc de demande soudain et massif après le confinement, les entreprises réduisent leur demande de facteurs. Toutefois, les rigidités inhérentes aux marchés des facteurs impliquent une réduction moins que proportionnelle des coûts relativement à celle des ventes. Ces rigidités entraînent un déséquilibre entre, d'une part, la réduction des ventes et, d'autre part, celles des dépenses liées aux ressources mobilisées, aboutissant à un excédent brut d'exploitation réduit, voire négatif. Ce modèle, très simple, est essentiellement mécanique, et ne modélise pas la décision de l'entreprise.

La deuxième stratégie, suivie par Gourinchas *et al.* [2020], part de l'hypothèse inverse. Plutôt que de faire face à un excès de ressources, les entreprises se sont rationnées sur leur facteur travail du fait du confinement, les conduisant à faire des choix d'allocation sous-optimaux qui pénalisent leurs liquidités. Ce modèle explicite ainsi le choix de l'entreprise sur sa consommation de facteurs dans un environnement très fortement perturbé par trois chocs négatifs : 1) un choc négatif de demande ; 2) un rationnement de l'offre du facteur travail, du fait du confinement ; 3) une réduction de la productivité faisant suite au télétravail.

Le modèle proposé ici combine l'ajustement partiel propre à la première stratégie avec une modélisation explicite du choix de l'entreprise propre à la seconde. Le modèle part de l'hypothèse que, en environnement fortement perturbé, l'objectif des entreprises est de minimiser leurs coûts de production de manière efficiente. Cependant, les entreprises ne peuvent ajuster leur quantité de facteurs que partiellement (modèle d'ajustement partiel). C'est cet écart entre d'un côté une demande optimale de facteurs et de l'autre la demande effective de facteurs qui crée le déséquilibre comptable de l'entreprise. Le modèle inclut le dispositif d'activité partielle. Ce dernier permet aux entreprises d'atteindre directement le niveau optimal de la quantité de travail. On fait donc l'hypothèse d'un ajustement immédiat du facteur travail, contrairement aux consommations intermédiaires qui, elles, s'ajustent lentement.

L'exercice de simulation utilise la base de données FARE 2017 accessible par le Centre d'accès sécurisé aux données (CASD), ce qui revient à faire l'hypothèse que l'état comptable des entreprises françaises en mars 2020 correspond à celui de décembre 2017. La base exploitée comprend 975 142 entreprises (soit 23,8 % des unités légales de FARE), concerne 10,8 millions d'emplois (10 857 851 emplois, soit 83,6 % des emplois de FARE), et correspond à 966 milliards d'euros de valeur ajoutée en 2017 (soit 83,2 % de FARE et 81,8 % de valeur ajoutée des sociétés non financières).

Les principaux enseignements

Les résultats principaux sont les suivants. La pandémie a un impact soudain, brutal et important sur la solvabilité des entreprises françaises. Comme le montre le graphique 1, la baisse drastique des revenus associée aux mesures de confinement pour contenir l'épidémie, la présence de frictions sur les marchés des facteurs de production et de coûts fixes qui ne s'adaptent pas au niveau de production (ou le font très lentement, comme les charges, le loyer, des dépenses financières telles que les prêts ou les versements hypothécaires) pèsent sur les ressources liquides des entreprises non financières. Alors que, dans un scénario « hors Covid-19 », une fraction des entreprises (1,8 % au début

Graphique 1. **Part cumulée des entreprises insolvables**

En %

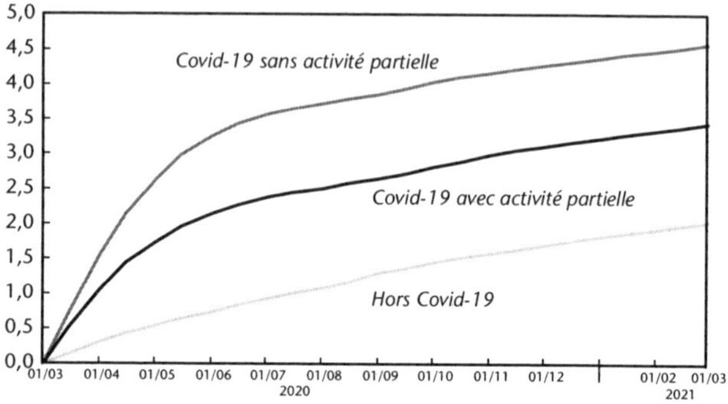

Sources : FARE 2017, simulation OFCE.

de 2021) connaîtraient des problèmes de solvabilité (c'est-à-dire une situation de cessation de paiement), cette valeur grimpe immédiatement à 3,2 % en janvier 2021.

La simulation fournit deux autres enseignements importants. Le premier, tout à fait central, est relatif à l'efficacité du dispositif d'activité partielle mis en place par le gouvernement, puisque ce dispositif a un effet positif profond sur la solvabilité des entreprises. En prenant en charge une partie de la masse salariale des entreprises, le dispositif d'activité partielle (AP) réduit considérablement le nombre d'entreprises insolvables. Sans AP, la part des entreprises connaissant des problèmes de solvabilité atteindrait rapidement 0,7 % au lendemain de la crise pour grimper rapidement à 3 % dès la mi-mai. Les défaillances atteindraient 4 % dès septembre, 4,4 % en janvier 2021 et 4,6 % après un an suivant le confinement, une valeur deux fois plus importante que celle attendue sans la crise. Aussi, en mars 2021, et sur le million d'entreprises étudiées, nous évaluons à presque 12 000 entreprises le nombre de firmes restées solvables grâce au dispositif d'activité partielle.

Le second enseignement est que la crise de la Covid-19 a des effets différenciés par secteur, par taille et par région. Pour l'analyse des effets propres à chaque secteur (graphique 2), les sec-

Graphique 2. **Part des entreprises illiquides et insolvables**

Par secteur

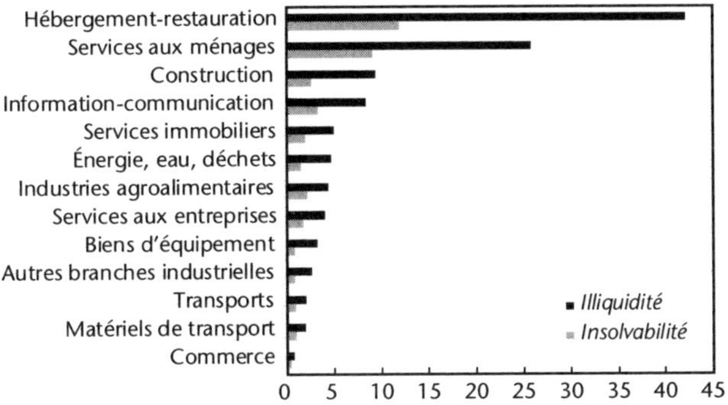

Sources : FARE 2017, simulation OFCE.

teurs de l'hébergement-restauration, les services aux ménages et la construction sont particulièrement exposés aux défaillances d'entreprises. Les entreprises issues des secteurs du commerce et de l'industrie manufacturière sont affectées dans une moindre mesure. Les microentreprises et les grandes entreprises sont également exposées au risque de faillite, alors que les PME et les ETI sont plus solides. Enfin, le Sud-Est de la France essentiellement et l'Île-de-France dans une moindre mesure devraient enregistrer une augmentation importante de défaillances.

La sélection de marché

Pour l'heure, il demeure difficile de savoir si la crise aura un effet prolongé sur l'économie française ou si, au contraire, elle est transitoire. Cela dépend, par exemple, de la confiance des consommateurs dans la reprise de l'activité, des choix d'investissements des entrepreneurs ou encore de la survie des entreprises. Se pose alors la question de la capacité du marché à sélectionner les entreprises les plus viables et à écarter du jeu de la concurrence les entreprises le moins productives. Après tout, si le marché sépare le bon grain de l'ivraie, plutôt que de maintenir sous perfusion des entreprises appelées de toute façon à

Graphique 3. **Part des entreprises insolvables appartenant au quartile supérieur de la productivité**

Par secteur

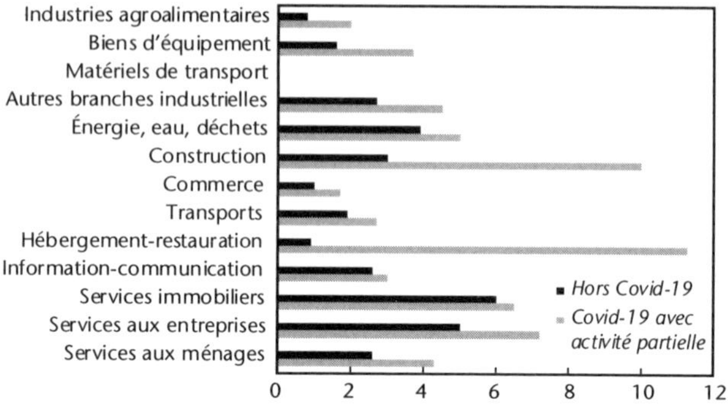

Lecture : dans le secteur de l'hébergement-restauration, dans un scénario de croissante régulière « hors Covid-19», la part des entreprises insolvables provenant du quartile supérieur de la productivité (les entreprises les plus productives) s'élève à 0,8 %. Dans un scénario « Covid avec dispositif d'activité partielle », la part des entreprises insolvables provenant du quartile supérieur de la productivité atteint 11,3 %.

Sources : FARE 2017, simulation OFCE.

sortir du marché, une recommandation de politique publique serait d'accompagner la destruction créatrice en favorisant la réallocation des ressources humaines et financières vers des projets plus viables, par la formation professionnelle ou par la politique industrielle. Si, au contraire, le mécanisme de sélection de marché ne joue plus, cela impliquerait que des entreprises économiquement viables sont anormalement écartées du marché par ce choc productif sans précédent. Il peut alors être justifié pour l'État d'intervenir afin de maintenir ces entreprises en vie.

Le graphique 3 montre, par secteur, la part des entreprises insolvables qui se situe dans le quartile supérieur de la distribution de productivité totale des facteurs. D'une manière générale, le mécanisme de sélection de marché fonctionne correctement en situation de croissance régulière, puisque, pour la plupart des secteurs, la part des entreprises insolvables provenant du quartile supérieur de productivité demeure en deçà de 3 %, à l'exception des services immobiliers et des services aux entreprises. En situation de crise, en revanche, le mécanisme de sélection se grippe puisque l'on observe une augmentation systématique de la part des entreprises productives dans la population des entreprises insolvables. Cette augmentation se remarque dans l'hébergement-restauration où cette part est multipliée par 11, et dans la construction où les entreprises efficientes représentent 10 % des entreprises insolvables. Autrement dit, parmi les entreprises exposées au risque de faillite se trouvent des entreprises économiquement viables.

Quelles politiques publiques ?

Il est légitime pour les pouvoirs publics d'intervenir directement en proposant des aides aux entreprises les plus viables. Une première stratégie est de considérer des politiques sectorielles à même d'identifier les grandes entreprises en difficulté et d'estimer les conditions efficaces de financement. Cette première stratégie, nécessaire, risque cependant de laisser de côté des petites entreprises efficaces mais peu visibles lors des négociations entre les pouvoirs publics et les principaux acteurs des grandes filières industrielles

Une seconde stratégie est la mise en place d'un dispositif d'aide transversal mais ciblé, avec des critères d'éligibilité explicites. En effet, une évolution progressive vers un mécanisme plus ciblé est nécessaire pour préserver l'emploi et les capacités productives avec un coût fiscal moindre. Mais ce ciblage doit reposer sur deux impératifs. *Primo*, il faut aider les entreprises productives en difficulté. Un ciblage large peut transférer des ressources vers des entreprises qui n'en ont pas besoin par un effet d'aubaine essentiellement, augmentant d'autant le coût pour l'État et probablement les inégalités. *Secundo*, un ciblage large peut aider indûment des entreprises qui auraient malheureusement dû faire faillite du fait de choix techniques non adaptés. Le but du dispositif ne peut être d'assurer inconditionnellement les propriétaires d'entreprises du risque capitalistique.

En considérant les entreprises défaillantes du fait de la crise actuelle (environ 14 000 entreprises dans l'échantillon), le refinancement de leurs fonds propres représenterait un coût de l'ordre de 3 milliards d'euros pour les seules sociétés non financières. Une autre stratégie serait de contribuer aux fonds propres de toutes les entreprises insolvables, indépendamment de leur viabilité (environ 31 000 entreprises). L'estimation du coût s'élèverait alors à 8 milliards d'euros. Ce coût représente le montant nécessaire pour refinancer les fonds propres des entreprises au 1er septembre 2020, et ainsi éviter les faillites.

Cette politique peut être qualifiée de politique de discrimination partielle. Elle est discriminante dans le sens où, plutôt que d'allouer une aide inconditionnelle à un plus grand nombre d'entreprises, elle identifie *de facto* les entreprises qui ont réellement besoin d'une augmentation de capitaux propres. Mais elle demeure partielle dans la mesure où elle ne permet pas, sans autre procédure, de distinguer les entreprises viables (du moins à moyen terme) de celles qui, de toute façon, seront amenées à sortir rapidement du marché. Un tel mécanisme peut être décentralisé par l'existence d'un guichet public où les entreprises pourraient justifier de leurs besoins de fonds propres au 1er septembre 2020, sous condition d'attester de l'absence de défaut de paiement en 2019 pour justifier de leur bonne santé.

Repères bibliographiques

Dauvin M., Ducoudré B., Heyer E., Madec P., Plane M., Sampognaro R. et Timbeau X., « Évaluation au 26 juin 2020 de l'impact économique de la pandémie de Covid-19 et des mesures du confinement et du déconfinement en France », *Policy Brief de l'OFCE*, n° 75, juin 2020.

OFCE, « Évaluation au 30 mars 2020 de l'impact économique de la pandémie de Covid-19 et des mesures de confinement en France », *Policy Brief de l'OFCE*, n° 65, mars 2020.

Gourinchas P. O., Kalemli-Özcan S., Penciakova V. et Sander N., « Covid-19 and business failures », *mimeo*, juin 2020.

Guerini M., Nesta L., Ragot X. et Schiavo S., « Dynamique des défaillances d'entreprises en France et crise de la Covid-19 », *Policy Brief de l'OFCE*, n° 73, juin 2020.

OCDE, « Corporate sector vulnerabilities during the Covid-19 outbreak : assessment and policy responses », *Tackling Coronavirus Series*, 2020.

Schivardi F. et Romano G., « A simple method to compute liquidity shortfalls during the Covid-19 crisis with an application to Italy », *mimeo*, avril 2020.

4. Quelle incidence des défaillances d'entreprises liées à la crise de la Covid-19 sur l'emploi salarié ?

Éric Heyer

La brutalité de la récession induite par la pandémie de Covid-19 et les mesures sanitaires associées pourraient avoir des conséquences importantes sur le tissu productif français et ce d'autant plus que la récession d'activité sera hétérogène suivant les secteurs.

Si un grand nombre de travaux récents visent à évaluer l'impact de cette crise sur les faillites d'entreprises [Gourinchas *et al.*, 2020 ; Guerini *et al.*, 2020 ; OCDE, 2020 ; Sampognaro, à paraître ; Schivardi et Romano, 2020], il n'existe pas à notre connaissance d'étude sur l'incidence de ces défaillances sur l'emploi à la suite de la crise de la Covid-19.

Quelle incidence sur l'emploi des défaillances d'entreprises ?

Dans un premier temps, nous évaluons l'incidence d'une variation des défaillances d'entreprises sur l'emploi. Nous retenons comme mesure de ce dernier l'emploi salarié.

L'équation de demande d'emploi estimée est issue de l'optimisation sous contrainte budgétaire d'une fonction de production à élasticité constante (CES). L'emploi de la branche i dépend de la valeur ajoutée spécifique à la branche, du coût salarial réel spécifique à la branche et d'une tendance de productivité du travail. L'estimation est réalisée pour chacune des neuf branches (voir encadré) à l'aide de la méthode SUR (*seemingly unrelated regressions*) sur la période 2000-2019 sur données trimestrielles.

Graphique 1. **Élasticité sectorielle de l'emploi salarié aux défaillances d'entreprises**

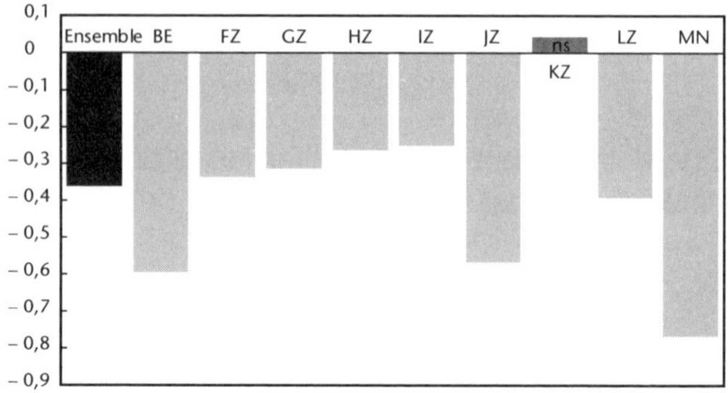

Légende : l'estimation est menée sur la base des comptes nationaux de branches. Sont exclus de l'analyse les secteurs de l'agriculture (AZ), de l'administration publique, enseignement, santé humaine et action sociale (OQ) et des services aux ménages (RU). L'industrie n'est par ailleurs pas décomposée en sous-secteurs. Au total, l'estimation porte sur neuf branches dont la mnémonique est la suivante : BE : ensemble de l'industrie ; FZ : construction ; GZ : commerce ; HZ : transport ; IZ : hébergement-restauration ; JZ : information-communication ; KZ : services financiers ; LZ : services immobiliers ; MN : services aux entreprises.

Sources : Insee, calculs de l'auteur.

Le coefficient de la force de rappel ainsi que l'élasticité du travail à son coût sont contraints de façon à obtenir une valeur identique pour toutes les branches.

Lorsque l'on contraint l'élasticité de l'emploi aux défaillances d'entreprises à être identique dans toutes les branches, celle-ci sort significativement, avec le signe attendu et s'élève à – 0,3 : lorsque le nombre de défaillances augmente de 1 %, l'emploi salarié se réduit de 0,3 % (graphique 1) ; lorsque l'on laisse libre l'estimation sectorielle de cette élasticité, une forte hétérogénéité apparaît variant de – 0,8 pour le secteur des services aux entreprises (MN) à un effet non significatif pour celui des services financiers (KZ) (graphique 1).

Près de 180 000 destructions d'emplois salariés liées aux défaillances d'entreprises à la suite de la crise de la Covid-19

En partant des résultats sectoriels sur données françaises des faillites d'entreprises supplémentaires à la suite de la crise sanitaire

Graphique 2. **Nombre de destructions d'emplois salariés liées aux défaillances d'entreprises liées à la crise sanitaires**

En milliers

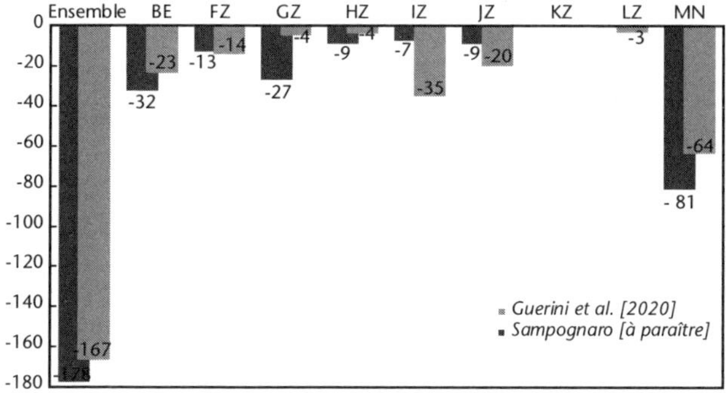

Légende : idem graphique 1.

Source : Insee, calculs de l'auteur.

proposés par Guerini *et al.* [2020] et par Sampognaro [à paraître], nous proposons une estimation des destructions d'emplois salariés associées à ces défaillances (graphique 2).

D'après nos estimations, les destructions d'emplois salariés à la suite de défaillances d'entreprises liées à la crise de la Covid-19 s'élèveraient aux alentours de 175 000 en 2021 dont près de 40 % pour le seul secteur des services aux entreprises (MN).

Repères bibliographiques

GOURINCHAS P. O., KALEMLI-ÖZCAN S., PENCIAKOVA V. et SANDER N., « Covid-19 and business failures », *mimeo*, juin 2020.

GUERINI M., NESTA L., RAGOT X. et SCHIAVO S, « Dynamique des défaillances d'entreprises en France et crise de la Covid-19 », *Policy Brief de l'OFCE*, n° 73, juin 2020.

OCDE, « Corporate sector vulnerabilities during the Covid-19 outbreak : assessment and policy responses », *Tackling Coronavirus Series*, 2020.

SAMPOGNARO R., « Faillites et Covid-19 : que nous apprend un modèle à la Melitz ? », à paraître.

SCHIVARDI F. et ROMANO G., « A simple method to compute liquidity shortfalls during the Covid-19 crisis with an application to Italy », *mimeo*, avril 2020.

5. L'impact d'un choc pétrolier au temps de la Covid-19[1]

Éric Heyer et Paul Hubert

La récession inédite de l'économie mondiale à la suite du développement de la Covid-19 et du confinement des économies a fait chuter instantanément les prix du pétrole autour de 20 dollars le baril. Alors que le prix du baril se situait au-dessus des 100 dollars entre 2011 et 2013, il avait déjà connu une forte baisse fin 2014 pour s'établir autour des 35 dollars début 2016. Après un pic autour des 80 dollars fin 2018, il évoluait entre 60 et 70 dollars le baril depuis un an et demi (graphique 1).

Les prix de certains contrats sont même passés en territoire négatif fin avril au plus fort des mesures de confinement et de restriction des déplacements. Ces évolutions sont dues à des capacités de stockage épuisées et/ou à des mécanismes de marché très spécifiques. Le contrat pour livraison en mai pour le WTI arrivait à échéance le lundi 20 avril. Tous les investisseurs ne disposant pas de capacité de stockage physique ont donc dû liquider leurs positions, quel que soit le prix. Le phénomène a été amplifié par l'évolution d'un tracker indiciel (ETF) sur le WTI qui n'a pas vocation ni les capacités à stocker physiquement du pétrole. Cet épiphénomène, tout anecdotique qu'il puisse être, n'en reflète pas moins la violence d'un fort contre-choc pétrolier. Le baril de WTI s'échange depuis juin 2020 autour des 40 dollars le baril, ce qui représente une baisse de plus de 30 % par rapport au cours au 1er janvier 2020.

1 Ce chapitre est une synthèse des principaux résultats de Heyer et Hubert [2020].

Graphique 1. **Évolution du prix du baril**

En dollars

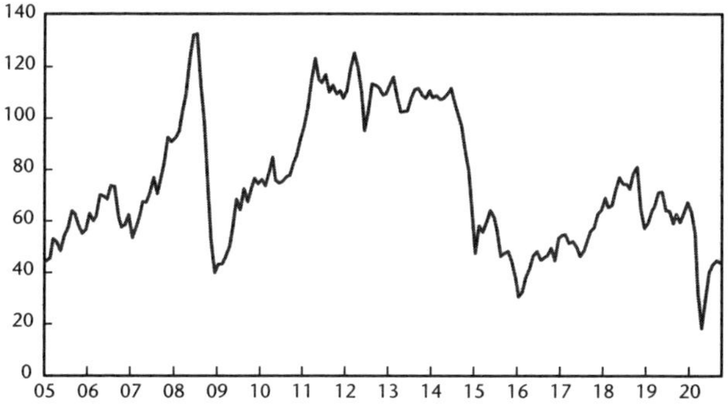

Source : Datastream.

L'évolution du prix du pétrole risque de rester atone dans un futur proche du fait d'un profond déséquilibre entre la production mondiale de pétrole (80 mb/j) et la demande (50 mb/j). En effet, entre le développement d'une deuxième vague de l'épidémie et des écarts de production très négatifs, il y a fort à parier que la demande mondiale de pétrole restera faible.

Ce travail, complémentaire de celui réalisé par les auteurs [Heyer et Hubert, 2016] dans lequel l'effet des variations du prix du pétrole sur la croissance économique française était analysé, a pour objectif d'étudier les effets et canaux de transmission d'une telle baisse du prix du pétrole aux différents prix auxquels font face les ménages et entreprises français. Quels sont les gains de pouvoir d'achat ? Comment les marges réagissent-elles ?

La transmission aux prix à la consommation

Dans un premier temps, nous évaluons l'incidence d'une variation des prix du pétrole pour le consommateur. En première approche, nous utilisons l'indice des prix à la consommation (IPC) calculé par l'Insee. Cet indice est fondé sur l'observation d'un panier fixe de biens et services, actualisé chaque année. Chaque pro-

Graphique 2. **Variations mensuelles des différents indices de prix à la consommation**

En %, glissement annuel

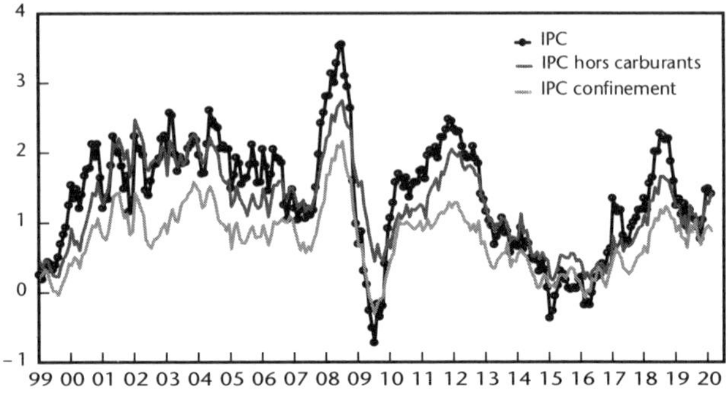

Sources : Insee, calculs des auteurs.

duit est pondéré, dans l'indice global, proportionnellement à son poids dans la dépense de consommation des ménages. Il permet ainsi d'estimer, entre deux dates, la variation moyenne des prix du panier de consommation moyen des ménages.

Cependant, la période récente pendant laquelle les prix du pétrole ont fortement baissé se caractérise par des mesures de confinement, qui ont mécaniquement limité la consommation de certains des éléments du panier de consommation habituel. Afin de mieux prendre en compte la répercussion du contre-choc pétrolier sur le pouvoir d'achat des ménages durant cette période, nous avons calculé un IPC correspondant plus fidèlement au panier de consommation pendant le confinement. Pour ce faire, nous utilisons deux approches complémentaires qui peuvent s'appréhender comme des bornes haute et basse de l'effet du confinement sur la consommation. Dans un premier cas, nous calculons un IPC hors carburants en imaginant que le confinement n'a pour seul effet que de limiter les déplacements. On soustrait donc la contribution de l'évolution du prix des carburants à l'IPC total. Dans un deuxième cas, nous calculons un IPC « confinement ». On se concentre sur le panier de consommation des biens et services des secteurs qui ne sont pas ou peu affectés par le confinement sur la base des estimations de l'OFCE [2020]. On calcule un IPC restreint à ces biens et services en gardant les pondérations relatives constantes. L'hypothèse implicite est donc qu'il n'y pas eu de réallocation de la consommation : ce qui n'est pas consommé est épargné.

Le graphique 2 montre l'évolution des trois mesures d'inflation décrites ci-dessus sur la période 1999-2020. L'inflation « normale » telle que mesurée par les variations annuelles de l'indice des prix à la consommation standard apparaît plus volatile que les deux autres mesures.

Nous estimons ensuite l'élasticité de ces trois variables d'inflation au prix du pétrole.

Comme indiqué dans le tableau 1 qui résume les résultats de ces estimations, une hausse de 1 % du prix du pétrole entraîne une augmentation de 0,016 % de l'inflation (en rythme mensuel, équivalent à 0,2 % en rythme annuel). Cet effet des variations du prix du pétrole est moitié moindre sur l'inflation hors carburants et cinq fois moindre sur l'inflation « confinement ». On peut tirer deux enseignements de ces résultats : l'effet positif à attendre sur le pouvoir d'achat des ménages de la baisse des prix du pétrole au printemps 2020, alors que les économies sont confinées, semble faible, et l'effet des variations du prix du pétrole sur l'inflation, une fois soustrait l'effet sur les carburants, apparaît relativement faible. La moitié de la transmission se fait *via* les carburants et la somme des catégories de produits

Tableau 1. **Élasticités des prix à la consommation à un choc pétrolier**

	IPC	IPC hors carburants	IPC confinement
ChocPet	0,016***	0,007***	0,003***
	[7,60]	[3,67]	[3,18]
N	358	358	287
R^2	0,15	0,05	0,08

Note : statistique du t de student entre parenthèses. * p < 0,10, ** p < 0,05, *** p < 0,01. L'équation estimée comprend l'*output gap* comme contrôle. Les autres paramètres ne sont pas reportés par souci de parcimonie.

Sources : Insee, calculs des auteurs.

affectés directement (énergie et produits plastiques) ou indirectement (effets de second tour) représente l'autre moitié.

La transmission aux prix de la production

Du côté des entreprises, la dynamique des prix à la production reflète celle des différents coûts qui pèsent sur la production d'un bien, à savoir les coûts salariaux (CSU), ceux des consommations intermédiaires (CUCI), les impôts sur la production nets des subventions (taxes unitaires) ainsi que les marges des entreprises (marges unitaires). S'interroger sur l'incidence d'une variation des prix du pétrole sur les prix de production revient alors à évaluer son incidence sur les différentes composantes listées ci-dessus.

Cette décomposition peut être réalisée à l'aide des comptes nationaux trimestriels de branche fournis par l'Insee. Les graphiques 3 indiquent le poids respectif de chacune de ces composantes dans le prix de production en moyenne sur la période allant du premier trimestre 1990 au premier trimestre 2020.

Un premier enseignement est le très faible poids (moins de 4 %) des taxes unitaires dans les prix de production quel que soit le secteur étudié. Un deuxième enseignement est que le coût des intrants par unité produite (CUCI) représente près de la moitié des prix de production. Il dépasse même les deux tiers dans l'industrie tandis qu'il pèse pour 44 % des prix de production dans les services marchands. De leur côté, les CSU représentent 18 % des prix de production dans l'industrie contre 27 % dans les services marchands. Enfin, les marges unitaires pèsent entre 13 % pour l'industrie et 25 % dans les prix des services marchands.

À l'instar de l'analyse décrite sur les prix à la consommation, nous avons estimé l'élasticité des prix de production, ainsi que ses composantes, à un choc pétrolier.

Les principaux résultats de nos estimations économétriques peuvent être synthétisés de la manière suivante :

1. un choc pétrolier n'a pas d'incidence significative sur les taxes unitaires quel que soit le secteur étudié ;

2. l'élasticité du CSU et du CUCI à un choc pétrolier est du signe attendu et deux fois plus élevée pour le CUCI. Si l'élasticité du CSU est très proche dans les différents secteurs étudiés (proche de 0,02), cela n'est pas le cas pour celle du CUCI. Cette dernière est faible dans le secteur des services marchands (0,027) et très forte dans l'industrie (0,068 pour l'industrie manufacturière) ;

Graphique 3. **Poids des différentes composantes dans les prix de production**

En %

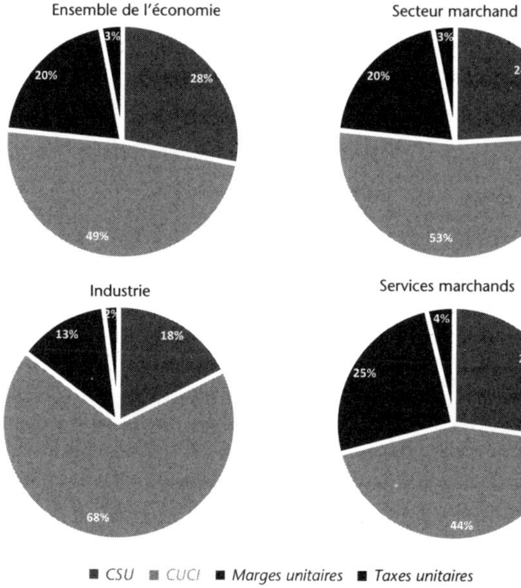

Sources : OCDE.

3. compte tenu du poids important du CUCI dans les prix de production (notamment dans l'industrie), avant effet des marges, la variation des prix de production à la suite d'un choc pétrolier passe alors principalement par la variation des coûts des intrants (73 % pour les services marchands et 90 % pour l'industrie) ;

4. une partie des variations du prix de production induites par celles des CSU et des CUCI est absorbée par les marges unitaires. Cela est notamment le cas pour le secteur des services marchands dont les marges absorbent plus de 60 % de la variation contre 13 % dans l'industrie.

Graphique 4. **Contribution à l'élasticité des prix de production à une hausse du pétrole**

En %

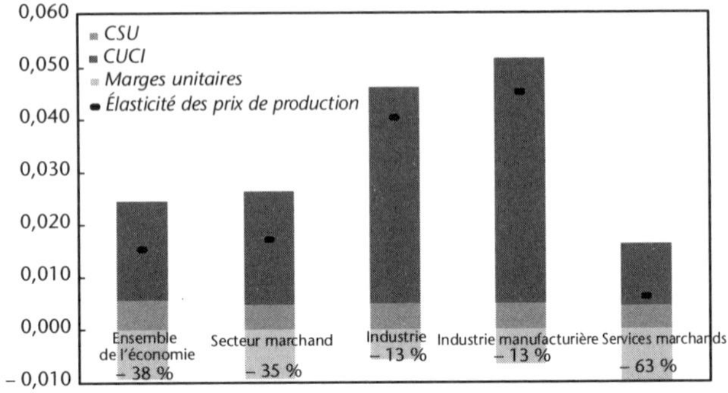

Lecture : dans le secteur marchand, l'élasticité des prix de production à une variation de 1 % du prix du pétrole est de 0,017. Une hausse de 1 % du prix du pétrole entraîne une augmentation de 0,219 % du prix. Hors effet sur les marges, cette élasticité aurait été de 0,022 dont plus de 80 % s'expliquent par la hausse du coût des intrants unitaires à la suite du choc sur le prix du pétrole. Les entreprises de ce secteur absorbent 35 % de cette incidence par l'intermédiaire de leurs marges unitaires.

Sources : calculs des auteurs.

5. Au total, pour l'ensemble de l'économie, en rythme mensuel, une hausse de 1 % du prix du pétrole entraîne une augmentation de 0,015 % du prix de production. Cette élasticité est trois fois plus élevée dans l'industrie manufacturière tandis qu'elle est deux fois plus faible dans le secteur des services marchands. Une forte absorption par les marges dans les services marchands couplée à un poids et une élasticité du CUCI plus faible explique la faiblesse de l'élasticité des prix de production dans ce secteur.

En guise de conclusion

Il est possible que les effets des variations du prix du pétrole sur les prix ne soient pas linéaires (voir Heyer et Hubert [2016] pour une revue des raisons théoriques sous-jacentes à ces non-linéarités). En particulier, on peut imaginer trois sortes de non-linéarités. Les agents économiques peuvent être en mesure d'absorber plus facilement le choc lorsqu'il est faible, ils ne répondent pas nécessairement de la même façon à une hausse ou à une baisse (en particulier s'ils sont proches de leur contrainte budgétaire) et ils ne prendront pas les mêmes décisions en fonction de l'environnement macroéconomique et donc ne réagiront pas de la même façon à un choc donné si celui-ci a lieu en période de forte croissance (lorsqu'il existe déjà des tensions sur les prix des biens et du capital) ou de récession (lorsque les revenus et marges sont comprimés).

Nos estimations suggèrent que le choc pétrolier du début d'année 2020, caractérisé par une baisse forte, et en période de récession, des prix du pétrole n'aura que très peu d'effet sur l'inflation. Les ménages ne bénéficieraient donc pas d'une hausse de leur pouvoir d'achat *via* cette baisse des prix du pétrole.

En combinant les trois non-linéarités, l'élasticité des prix de production paraît plus faible dans la situation où le choc pétrolier est négatif, fort et a lieu en période de croissance faible. Les prix de production devraient donc relativement assez peu se réduire. Il est intéressant de noter que l'effet des variations des prix du pétrole sur les marges est quant à lui plus fort conditionnellement aux caractéristiques de la situation actuelle. La baisse des prix du pétrole liée à la crise de la Covid-19 devrait donc avoir un effet stabilisateur pour les entreprises engendrant une hausse de leurs marges.

Repères bibliographiques

Archanskaïa L., Creel J. et Hubert P., « The nature of oil shocks and the global economy », *Energy Policy*, vol. 42, 2012, p. 509-520.

Bernard J., Cleaud G., Jess N. et Roucher D., « Comment prévoir le prix du pétrole ? », Insee, *Note de conjoncture*, juin 2013.

Gautier E. et Le Saout R., « The dynamics of gasoline prices : evidence from daily French micro data », *Journal of Money, Credit and Banking*, vol. 47, n° 6, 2015, p. 1063-1089.

Heyer E. et Hubert P., « Trois questions autour de l'impact du prix du pétrole sur la croissance française », *Revue de l'OFCE*, n° 147, 2016.

Heyer E. et Hubert P., « L'impact du contre-choc pétrolier lié à la crise de la Covid-19 sur les entreprises et ménages français », *Revue de l'OFCE*, n° 168, 2020.

OFCE, « Évaluation au 30 mars 2020 de l'impact économique de la pandémie de Covid-19 et des mesures de confinement en France », *Policy Brief de l'OFCE*, n° 65, mars 2020.

Les statistiques économiques sur le Web

Statistiques sur l'économie française

Insee : *www.insee.fr*
Calendrier des publications et données correspondant aux indicateurs conjoncturels, comptes trimestriels, comptes annuels.

Ministère du Travail : *www.travail.gouv.fr*
Données correspondant au marché du travail, salaires, durée du travail et politique de l'emploi.

Banque de France : *www.banque-france.fr*
Données correspondant au marché du travail, salaires, durée du travail et politique de l'emploi.

Douanes : *http://lekiosque.finances.gouv.fr*
Données correspondant aux statistiques monétaires, enquête de conjoncture, balance des paiements, comptes nationaux financiers.

OFCE : *www.ofce.sciences-po.fr*
Présentation détaillée de l'indicateur avancé de l'OFCE pour la France et la zone euro.

École normale supérieure : *http://ses.ens-lyon.fr/ressources/grands-dossiers/leconomie-francaise*
Ensemble des données figurant dans ce « Repères ».

Statistiques sur l'économie européenne et américaine

BCE : *www.ecb.int*
Téléchargement des données du bulletin mensuel.

Eurostat : *http://europa.eu.int/comm/eurostat*
Derniers indicateurs publiés, sans historique.

OCDE : *www.oecd.fr/index-fr.htm*
Données permettant des comparaisons internationales.

Bureau of Economic Analysis : *www.bea.doc.gov*
Séries historiques sur l'économie américaine.

Bureau of Labor Statistics : *http://stats.bls.gov*
Données sur l'emploi, le coût du travail, les prix aux États-Unis.

Table des matières

Collection

REPÈRES

Créée par Michel Freyssenet et Olivier Pastré (en 1983).

Dirigée par Jean-Paul Piriou (1987-2004), puis par Pascal Combemale,

avec Serge Audier, Stéphane Beaud, André Cartapanis, Jean-Paul Deléage, Françoise Dreyfus, Yannick L'Horty, Dominique Merllié, Philippe Riutort, Cédric Tellenne et Franck-Dominique Vivien.

Coordination et réalisation éditoriale : Marieke Joly.

Le catalogue complet de la collection *REPÈRES* est disponible sur notre site :

www.collectionreperes.com

Composition OFCE, Paris.
Achevé d'imprimer en novembre 2020 sur les presses de La Nouvelle Imprimerie Laballery à Clamecy (Nièvre).
Dépôt légal : décembre 2020
N° de dossier : 011076

Imprimé en France